풍성한 삶의 첫걸음 ——————— **워크북**

풍성한 삶의 ──────── 첫걸음

김형국 지음

워크북

비아
토르
viator

들어가는 말

100미터를 질주하는 스프린터를 본 적이 있으신가요? 42.195킬로미터를 뛰는 마라토너를 본 적이 있으신가요? 에베레스트와 같은 고산 봉우리를 오르는 산악인들을 본 적이 있으신가요? 이런 사람들을 보면 참 경이롭습니다. '어떻게 저렇게 할 수 있을까?' 그런데, 아시나요? 이 놀라운 사람들 모두 인생의 '첫걸음'을 떼고 걷는 것을 배운 후에야, 빨리, 오래 달리고 또는 높이 오를 수 있었다는 것을….

하나님을 알아가는 삶도 동일합니다. 우리는 성경을 통해서, 또는 간증이나 기독교 역사를 통해서, 주님과 가까이에서 동행하면서 주님을 닮은 희생을 하고, 세상에 선한 영향력을 끼친 '영적인 거인'들에 대한 이야기를 듣고는 합니다. 그런데 그들은 나와 너무 차이가 있어서, 그런 삶은 특별한 사람들의 삶이라고 생각하는 경우가 많습니다. 아닙니다. 주님과 동행하는 길도 첫걸음에서 시작합니다. 그리고 그것이 두 번째, 세 번째로 이어지면서 우리의 여정이 지속되고, 우리도 처음에는 생각지도 못했던 삶을 살게 되는 것입니다.

이런 면에서 이 워크북을 읽고 계신 분은 이 여정을 막 시작하신 분들과 그분들을 섬기려는 분들일 것입니다. 우리는 주님을 따라가는 긴 행렬 속에 있습니다. 조금 앞설 수도 있고, 조금 뒤질 수도 있지만, 우리는 모두 그를 따라가고 있습니다. 이 멋진 여행길에서 가장 중요한 것은 첫걸음입니다. 이 첫걸음을 어떻게 배우고, 살아내는가가 사실 우리 신앙 전체에 영향을 끼칩니다. 그래서 신앙의 연조가 깊은 분들도 늘 첫걸음을 다시 놓고는 합니다. 이는 피아노든, 바이올린이든, 기타든, 연주가들이 매일 기본적인 음계 연습을 하면서 손가락의 기본기를 다듬는 것과 같습니다.

　그리스도인으로 살아가는 것은 평생의 일이고, 그리스도를 중심으로 삶 전반이 재편성되는 과정입니다. 그러나 이런 평생 이루어지는 성숙의 여정을 위해서는 첫걸음이 매우 중요하고, 이렇게 소중한 첫걸음의 핵심은 '어떻게 하나님과 인격적인 관계를 누릴 수 있느냐?'입니다. 걷기가 우리의 모든 일상생활의 기본이듯이, 하나님과의 인격적인 관계는 우리 신앙생활의 가장 중요한 기본입니다. 그래서 《풍성한 삶의 첫걸음》에서는 이런 인격적 관계가 시작되는 거듭남(2과)에 대해서 이야기하고, 인격적이신 하나님(3과)과 맺는 인격적인 관계(4과)에 대해서 살펴봅니다. 그리고 구체적으로 하나님이 하시는 말씀을 누리는 방법(5과)과, 예수께서 가르치셨던 주기도로 기도하는 방법(6, 7과)에 대해서 배웁니다. 이런 기도와 말씀의 삶을 온전히 누릴 수 있는 공동체적 삶에 대해서 소개하고(8과), 우리의 신앙을 어떻게 간증하며 증인 된 삶을 살아갈 것인가(9과)와 하나님과의 사랑의 언약을 맺는 세례(10과)에 대해서 마지막으로 다룹니다.

　《풍성한 삶의 첫걸음 워크북》은 신앙을 단지 지식이 아닌, 삶으로 배우며 나누고 싶으신 분들을 위해서 만들어졌습니다. 그래서 예수님을 막 받아들인 회심자나, 교회에서 세례를 받기 원하는 분들을 위한 세례자 교육 자료로도 활용할 수 있습니다. 실제로 많은 교회에서 교리를 외우는 세례 교육 대신, 하나님나라의 복음을 선명히 하는 위의 자료들과 이 책을 세례 교육에 사용하는 사례가 많습니다. 그러나 이 책은 단지 신앙의 첫걸음을 떼는 분들뿐 아니라, 다시 신앙의 첫걸음을 확인하고 싶은, 또는 자신의 첫걸음이 희미해서, 이를 확고히 하고 싶은 분들이 사용해도 큰 도움이 되실 것입니다. 기본을 확인하는 일은 평생 반복해야 할 일이니까요.

   첫걸음을 떼는 것은 그 자신은 물론, 이를 지켜보며 옆에서 도와주는 이들에게도 너무 흥분되는 일이며 큰 축복입니다. 아이를 키워 본 분들이 느끼는, 자신의 아이가 걸음마를 배워 첫걸음을 뗄 때의 흥분과 버금가는 경험입니다. 첫걸음을 잘 떼도록, 그래서 잘 걸어갈 수 있도록 기본을 함께 나누는 일은 고리타분하고 지루한 일이 아니라 오래 전에 신앙생활을 한 분들에게도 유익한 경험입니다. 오늘의 나를 있게 한 그 본질을 다시 확인하는 일이기 때문입니다. 이 워크북을 통해서 따르미도 이끄미도 모두 이 놀라운 축복을 누리시기를 기도합니다.

                              2020년 2월 겨울비가 내리는 북악산을 바라보며…
                                                              김형국

《풍성한 삶의 첫걸음 워크북》소개

이 워크북은 그리스도인으로서 첫걸음을 분명히 하기 위한 책입니다. 메시아이신 예수를 자신의 주님으로 모셔 들인 자들, 하나님나라의 백성으로 세상을 살아가겠다고 결단한 사람들을 위한 책입니다. 그러므로 아직 자신이 하나님의 자녀요 그 나라의 백성이 되겠다는 결단이 없는 분들은《풍성한 삶으로의 초대》나《하나님나라의 도전》을 읽으시고 결단을 하시거나,《만나지 않으면 변하지 않는다》,《요한과 함께 예수 찾기》(이상 생명의말씀사)를 통해서, 예수님을 분명히 이해하고 만나는 일에 집중하셔야 합니다. 위의 자료들이 '어떻게 그리스도인이 될 것인가'를 돕는 자료라면,《풍성한 삶의 첫걸음》은 '어떻게 그리스도인으로 살 것인가'를 돕는 자료입니다.

10과로 구성된 이 워크북을 10회에 걸쳐서 나눌 수도 있고, 두 과씩 다섯 번에 걸쳐 나눌 수도 있습니다. 네 번에 걸쳐 나누기를 원하신다면, 1-3과, 4-5과, 6-8과, 9-10과로 하시는 것이 좋겠습니다. 10회, 5회, 4회, 또는 다른 횟수로 모임을 갖는 것도 모두 가능한데, 중요한 것은 각 사람이 가지고 있는 속도에 맞추는 것입니다. 사람들마다 이 내용을 소화하여 자신의 것으로 만들어 가는 데 필요한 시간을 배려하는 것이 가장 중요합니다.

각 과를 마치면 작은 과제와 훈련을 하게 됩니다. 특히 신앙생활 초기에 기도와 말씀을 삶의 기본으로 배우고 익히는 것은 아무리 강조해도 지나침이 없을 정도로 중요합니다. 과제를 억지 숙제하듯 하지 마시고, 신앙의 기초를 놓는다는 마음으로 하십시오. 말씀을 묵상할 때, 각 교회나 공동체가 사용하는 말씀 묵상 자료를 따라갈 수도 있지만, 가장 좋은 것은 예수님을 깊이 알아가고 묵상하는 것입니다. 그러므로 3과부터 추천하는 10-10-10의 훈련 중 성경 읽기를 할 때, 《요한과 함께 예수 찾기》를 사용하는 것도 강력하게 추천합니다. 6주간 요한복음 전체를 묵상하도록 만들어진 이 책을 병용하시면, 우리 신앙의 주춧돌이라고 할 수 있는 예수님을 더욱 깊이 알아갈 수 있을 것입니다. 《요한과 함께 예수 찾기》가 너무 무겁다고 느껴지면, 예수님이 사람들을 만나시는 에피소드들을 하나당 3일에 걸쳐 묵상하도록 돕는 《오늘 당신을 만납니다―만나지 않으면 변하지 않는다 워크북》을 사용하여 5주간의 훈련을 병용하는 것도 추천합니다. 이미 예수를 만나서 좀 더 온전한 변화를 원하시는 분들에게는 《예수가 내 생애에 들어오시면―만남은 멈추지 않는다 워크북》을 사용하여 8주간 묵상하시는 것도 추천합니다.

《풍성한 삶의 첫걸음》 과정은 1:1로도 또 소그룹으로도 가능합니다. 《풍성한 삶으로의 초대》는 가능하면 1:1로 하는 것이 좋습니다. 이유는 예수 그리스도를 발견하기까지 찾는이들이, 또는 믿음이 어린 자들이 가지고 있는 질문이 너무 다양하기 때문에 소그룹으로 할 경우 자신의 질문에 집중하기보다는, 다른 참여자들의 많은 질문들로 길을 잃어버릴 수 있기 때문입니다. 하지만 《풍성한 삶의 첫걸음》은 예수 그리스도를 자신의 주인으로 모셔 들인 공통점을 가지고 있는 사람들이 함께하기 때문에, 2-4명 정도의 따르미와 함께 진행하는 것도 좋습니다. 나눔을 통해 더욱 풍성한 은혜도 경험하고, 동료 따르미를 보면서 도전도 받을 수 있기 때문입니다. 그러나 이후에 하게 되는 《풍성한 삶의 기초》는 1:1로 진행하셔야 합니다. 《풍성한 삶의 첫걸음》이 신앙의 기본을 확인하는 것이라면, 《풍성한 삶의 기초》는 하나님나라 복음으로 각자의 내면세계를 다루는 것이기 때문입니다. 깊이 있는 나눔, 내면의 슬픔과 부끄러움까지 진리에 비추어 성찰하고 함께 나눌 수 있는 제자훈련은 1:1로 진행하는 것이 유리하기 때문입니다.

이 책을 가지고 따르미를 섬기시는 분들은 초기 단계를 이미 거쳐 온 분들일 것입니다. 여러분들보다 앞선 자들이 아직도 많이 있겠지만, 뒤따르는 자들도 보이기 시작했을 것입니다. 우리도 아직 부족하지만 우리의 뒤를 따라오는 사람들이 있다면, 우리는 어떻게 그들을 도울 수 있을까요? 이 워크북은 바로 이렇게 자신도 영적인 여정을 지속하면서, 이 긴 행렬에서 자신보다 조금 뒤에 있는 따르미들을 섬기고 싶은 분들을 위한 것이기도 합니다. 《풍성한 삶의 첫걸음》을 마치고 이끄미가 되기 원하시는 분들은, 이 교재의 뒷부분에 실린 "이끄미로 발돋움하기 위한 자료"와 이에 따르는 과제를 이끄미로 섬기기를 원하는 분들과 함께 나누면서 이끄미로 준비되실 수 있습니다. 네 번의 만남을 통해서 이끄미들 간의 연대와 지지가 이루어지면 좋겠습니다. 이 자료 역시 음성과 영상 자료가 있으므로 큐알코드를 첨부합니다. 책과 함께 병용하시면 더 큰 도움이 될 것입니다.

물론 따르미로 이 워크북을 통해 신앙의 기본을 놓으신 분들이 머지않아 이끄미로서 이 책의 뒷부분을 통해 준비되시길 기대합니다. 그렇게 되면 《풍성한 삶으로의 초대》와 《풍성한 삶의 첫걸음》을 통해, 성경이 가르치는 신앙의 가장 초보적이고 본질적인 부분을 나의 사랑하는 찾는이와 친구들과 나눌 수 있게 되는 것입니다. 예수를 발견하고, 예수를 따르는 삶은 그리스도인의 삶의 핵심입니다. 이런 축복된 삶을 함께 누리시는 우리 모두가 되기를 기대합니다.

01

그리스도인으로서의
첫걸음

들어가며

1 모든 일에는 시작이 있고, 그 첫걸음은 늘 소중합니다. 그래서 그 첫걸음을
어떤 자세와 마음으로 내딛는가도 중요합니다. 이번 과정의 경우도, 억지로
시작한 분이 계시다면, 분명한 이유와 기대감을 가지고 시작하신 분과는 다
를 수밖에 없을 것입니다. 이 과정을 시작하는 당신의 마음과 자세는 어떠한
지요?

2 당신은 언제 예수님을 주인으로 받아들였습니까? 어떤 과정이 있었습니까?

첫걸음을 떼면서 놓친 부분

3 영적으로 다시 태어나긴 했어도 그 첫걸음을 잘못 떼었을 때, 곧 영적 순
례의 첫 단추를 잘못 끼울 때 어떤 일이 일어날 수 있습니까?

> "많은 사람들이 그리스도인이 된다는 것이 얼마나 큰 축복인지
> 잘 모르는 채로, 또 이 놀라운 하나님의 선물을 어떻게 누릴 수 있
> 는지 잘 배우지 못한 채로 영적 여정을 시작하는 것 같습니다. 이

는 마치 신나는 탐험 여행을 떠나면서, 자신에게 주어진 월등한 탐험 장비와 식량, 그리고 무엇보다도 지도와 인도자가 있다는 사실을 모른 채 여행을 시작하는 것과 같습니다. 이 탐험이 얼마나 재미있고 의미 있는지 충분히 배우지 못한 채 시작했기에, 매일 아침 일어나서 그 탐험 길을 걷는 것이 부담스럽고 힘들 수밖에 없습니다."_p.15

4 그리스도인이 된다는 것은, 그렇지 않아도 힘든 세상살이에 수많은 새로운 의무 조항을 받아들여 종교 생활의 의무까지 덧붙이는 것이 아닙니다. 그렇다면 그리스도인으로 산다는 것은 어떤 것이라고 설명할 수 있을까요?

"예수님은 우리가 우리 삶의 주인이 되어 살았던 그 지치고 피곤한 인생에서 우리를 해방시키고 싶어하십니다. 그분은 우리의 무거운 짐을 벗기시고, 더 쉽고 가벼운 멍에를 주고자 하십니다. 그리고 예수님은 자신에게 와서 이 놀라운 삶을 배우라고 초청하십니다."_pp.16-17

신앙 여정의 가장 중요한 부분

5 영적 여행의 첫걸음을 떼는 방법을 잘 배우면, 이 여행 속에 숨겨놓으신 하나님의 놀라운 축복을 누리게 됩니다. 그런데 이 여정에서 가장 중요한 것은 무엇일까요?

● 우리의 신앙 여정에서 가장 중요한 것은 바로 우리를 불러 주신 하나님 아버지를

_____ 그분과 _____인 관계를 맺는 것입니다.

나누고 누리기

6 예수님을 주인으로 받아들이고 나서 영적으로 성숙하기 위해 첫걸음을 내디딜 때, 무엇이 중요하다고 생각했습니까? 이 장에서 배운 바는 무엇입니까?

7 마태복음 11장 28-30절과 요한복음 10장 10절을 여러 번 읽으며, 우리의 주인 되신 예수님께서 우리에게 주기 원하시는 것이 무엇인지 마음에 새겨 봅시다.

> "수고하며 무거운 짐을 진 사람은 모두 내게로 오너라. 내가 너희를 쉬게 하겠다. 나는 마음이 온유하고 겸손하니, 내 멍에를 메고 나한테 배워라. 그리하면 너희는 마음에 쉼을 얻을 것이다. 내 멍에는 편하고, 내 짐은 가볍다"(마태복음 11:28-30).

> "나는 양들이 생명을 얻고 또 더 넘치게 얻게 하려고 왔다"(요한복음 10:10).

8 영적인 여정을 함께하기 위해 서로를 위해서 기도해 주어야 할 내용을 나누고, 한 주 동안 기도해 주십시오.

예수님의 가르침을 담은 네 개의 복음서를 읽어 볼 때, 예수님의 중심 사상은 한 마디로 무엇이라고 말할 수 있을까요? 그리고 하나님나라와 세상의 나라는 어떤 점에서 구별되고 반대되는 개념일까요?

02

거듭남의 신비와 축복

들어가며

1 우리가 살고 있는 세상은 신비로 가득 차 있습니다. 아름다운 자연이 철 따라 변화되는 모습을 지켜보노라면, 감탄을 넘어 신비감마저 느낄 때가 있 습니다. 그런데 세상의 많은 신비 중 하나가 인간의 생명이 태어나는 것입니 다. 당신은 생명의 탄생에서 신비감과 경외감을 느껴 본 적이 있습니까?

거듭남, 그리고 거듭난 자들의 세 가지 특징

2 어느 날 늦은 밤, 자신을 찾아온 유대인 지도자 니고데모에게 예수님은 "거듭나지 아니하면 하나님의 나라를 볼 수 없느니라"(요한복음 3:3, 개역개정)라 고 말씀하셨고, 베드로 사도는 우리가 '거듭나서' 산 소망을 갖게 되었다(베드 로전서 1:3)고 선언합니다. 우리가 일반적으로 사용하고 있는 '거듭남'의 의미 와 성경에서 말하는 의미는 어떻게 다른가요?

● 일반적인 의미:

● 성경적인 의미:

3 그렇다면 이 신비하고 불가능해 보이는 '거듭남'은 어떻게 가능합니까?

> "여러분은 다시 태어났습니다. 그것은 썩을 씨로 그렇게 된 것이 아니라, 썩지 않을 씨 곧 살아 계시고 영원하신 하나님의 말씀으로 그렇게 되었습니다"(베드로전서 1:23).

> "우리 주 예수 그리스도의 아버지 하나님을 찬송하리로다. 그의 많으신 긍휼대로 예수 그리스도를 죽은 자 가운데서 부활하게 하심으로 말미암아 우리를 거듭나게 하사 산 소망이 있게 하시며"(베드로전서 1:3, 개역개정).

4 거듭난 자들에게는 세 가지의 특징(3B)이 나타난다고 하는데, 그 각각의 특징과 내용이 무엇인지 설명해 보십시오.

● **첫 번째 특징:**

● **두 번째 특징:**

● **세 번째 특징:**

거듭남을 위해 내가 할 수 있는 일

5 거듭남은 우리 신앙생활의 출발점이기 때문에 매우 중요하고, 그렇기에

이를 정확히 하는 것은 아무리 강조해도 부족함이 없습니다. 새 마음을 갖거나 신비한 체험을 하거나 예식에 참여하는 것이 아니라, '하나님께서 하신 약속'에 근거해서 거듭날 수 있다면 우리는 거듭남을 위해 무엇을 해야 할까요?

● 진실한 _____

6 거듭남은 사도 바울처럼 어느 한순간에 일어나는 경우도 있지만, 베드로를 포함한 열두 제자들처럼 일정 기간에 걸쳐 일어나기도 합니다. 그렇다면 거듭남을 확인하기 위해서 우리는 무엇을 해야 할까요?

> "거듭남을 확인하기를 원하는 사람들이 있다면 그들이 해야 할 것은 내가 어떤 체험을 했느냐를 살피는 것이 아니라, 성경을 통해서 보여 주신 하나님의 진리를 내가 진실로 믿는가, 그로 인해서 내 삶의 변화의 출발점이 있는가를 확인해 보는 것입니다.…다시 말하거니와 거듭남은 하나님의 선물입니다. 그러므로 하나님 앞에 진실하게 서는 사람들만이 거듭남의 축복을 누리게 되는 것입니다." _p.39

거듭난 자들의 세 가지 특권
7 하나님의 진리에 인격적으로 반응한 사람들, 즉 거듭난 자들에게 주어지는 특권은 무엇일까요?

- _____: 하나님이 우리를 위해 하신 모든 것

- _____의 변화: 하나님의 자녀, 의인, 하나님나라의 시민으로

- _____: 우리 안에 내주하시는 하나님의 영

나누고 누리기

8 우리가 거듭나는 일이 어떻게 가능한지 알려 주는 베드로전서 1:3과 1:23 을 읽고, 두 구절 중 적어도 한 구절은 암송해 보십시오.

9 거듭난 사람의 첫 번째 특징은 믿음이라고 했습니다. 한 주 동안 당신이 믿고 있는 바를 돌아보고 마음에 새겨 봅시다.

> "첫 번째는, 하나님께서 우주와 인생을 지으신 주인이시라는 것 입니다. 두 번째는, 이 하나님을 무시하고 자신이 스스로 주인이 된(이것이 죄의 본질입니다) 인간은 하나님과의 관계가 끊어졌을 뿐 아니라, 하나님의 심판을 피할 수 없다는 것입니다. 셋째는, 우 리가 받아야 할 이 심판을 하나님의 아들 예수께서 대신 받으셔 서, 우리로 하여금 하나님 앞에 다시 설 수 있는 길을 여셨다는 것 입니다. 넷째는, 우리가 이 예수 그리스도를 마음에 주인으로 받 아들일 때 하나님과의 깨졌던 관계가 회복된다는 것입니다."
> _pp. 33-34

10 이번 장에서는 "하나님의 은혜를 받은 사람들은 신분이 완전히 바뀌었다"고 말합니다. 관련된 성경 구절을 찾아 읽고 당신이 받은 은혜와, 바뀐 신분이 어떤 것인지 생각해 보고 묵상해 보십시오.

"그러나 그를 맞아들인 사람들, 곧 그 이름을 믿는 사람들에게는, 하나님의 자녀가 되는 특권을 주셨다"(요한복음 1:12).

"그러나 사람은 그리스도 예수 안에서 얻는 구원으로 말미암아 하나님의 은혜로 값없이 의롭다는 선고를 받습니다"(로마서 3:24).

"그러므로 이제부터 여러분은 외국 사람이나 나그네가 아니요, 성도들과 함께 시민이며 하나님의 가족입니다"(에베소서 2:19).

"누구든지 그리스도 안에 있으면, 그는 새로운 피조물입니다. 옛 것은 지나갔습니다. 보십시오, 새 것이 되었습니다"(고린도후서 5:17).

하나님나라 이야기 2 / 하나님나라, 복음인가 심판인가?

하나님나라는 어떤 이에게는 심판이고, 어떤 이에게는 복음이 됩니다. 하나님나라가 심판으로 다가오는 사람들은 누구이고 복음으로 다가오는 사람들은 누구입니까?

03

하나님과의 인격적인 교제,
어떻게 시작할까?

들어가며

1 아이가 엄마의 태 밖으로 나와 첫 숨을 쉰 이후, 그 아이는 어린이로, 청년으로, 그리고 장년으로 성장해 갑니다. 그런데 아이는 혼자 크는 것 같지만, 사실은 누군가의 보살핌이 없이는 생존할 수 없습니다. 영적으로 태어나는 경우도 이와 비슷합니다. 당신은 영적으로 새롭게 태어난 이후, 어떻게 영적인 음식(젖)을 섭취하고 아버지의 사랑(품)을 누리고 있습니까?

영적으로 성장하려면

2 우리는 평생에 걸쳐 성장하고 자라가야 합니다. 하나님과의 관계도 깊어지고, 온갖 다양한 영적 음식을 골고루 맛보며, 자신이 살아내야 할 고귀한 삶을 사는 데까지 말입니다. 어떻게 하면 이와 같은 '풍성한 삶'을 누리며 건강하게 성장할 수 있을까요?

● 건강한 음식 먹기:

● 영적 음식을 먹는 환경: _____와 _____

"밥상 대화도 배워야 누릴 수 있듯이, 하나님과 눈을 맞추며 교제를 나누는 것도 배워야 합니다. 이렇게 하나님 앞에 앉아, 우리를 사랑으로 바라보시는 하나님과 눈을 맞추는 것이 예배이며 기도입니다." _p.56

영적 성장의 첫걸음

3 육적으로나 영적으로나 성장하기 위해서는 건강한 음식(성경)과 그것을 먹는 환경(사랑의 관계)이 아주 중요합니다. 그렇다면 구체적으로 그 성장의 첫걸음을 뗄 때에는 어떻게 해야 할까요?

● 영적인 _____을 가까이 하라.

"갓난아이 때에는 시도 때도 없이 젖을 찾습니다. 아기는 배가 고프면 울고, 그러면 엄마는 젖을 줍니다. 우리 역시 영적으로 갓난아이일 때에는 성경 중 중요한 몇 구절을 암송하거나, 메모하여 들고 다녀야 합니다." _p.57

"나는 포도나무요, 너희는 가지이다. 사람이 내 안에 머물러 있고, 내가 그 안에 머물러 있으면, 그는 많은 열매를 맺는다. 너희는 나를 떠나서는 아무것도 할 수 없다"(요한복음 15:5).

● 아이가 엄마 품에 있듯이, 하나님을 바라보며 하나님과 _____하라.

"하나님과의 소통이 처음에는 어려워 보이지만, 갓난아이가 그렇게 하듯이, 순전한 마음으로 하나님께 우리의 마음을 전하면 됩니다. 마음속으로 또는 작은 소리를 내어서, 무슨 내용이 되었건 마음속에 있는 것을 하나님께 이야기하는 것이 영적 소통의 시작입니다. 이것이 바로 기도입니다." _p.59

4 가장 초보적인 영적 출발을 했다면 이제 좀 더 건강한 습관을 키워가야 합니다. 이 교재는 하나님과 '배타적인 대화 시간'(10-10-10)을 가지라고 강력하게 추천합니다. 당신은 그 이유와 방법에 대해 어떻게 생각하십니까?

"세상의 아무리 좋은 일도, 그것이 데이트건, 운동이건, 독서건, 친구들과 놀러가는 것이건, 시간을 따로 떼어놓지 않으면 불가능합니다. 하나님의 품에서 하나님이 주시는 양식을 누리려면, 특별한 시간을 정기적으로 갖는 것이 필요합니다." _p.61

나누고 누리기

5 수시로 말씀을 접하기 위해, 《풍성한 삶의 첫걸음》 본문의 각주에서 추천한 성경 구절들을 카드로 만들거나 휴대기기에 저장하여 읽고, 묵상하고, 암송하십시오(《풍성한 삶의 첫걸음》 부록 2. 중요한 성경 구절, pp. 231-237 참고).

- 영적 성장 초기에 읽고 묵상하기 좋은 말씀들: 시편 23편; 요한복음 15:1-17; 로마서 5:1-11; 8:31-39; 이사야 43:1-2; 시편 1편; 스바냐 3:17

• 영적 성장 초기에 암송하면 좋은 말씀들: 마가복음 1:15; 요한복음 1:12; 3:16; 10:10; 로마서 5:8; 고린도후서 5:17; 갈라디아서 2:20; 요한복음 8:31-32; 디모데후서 3:16; 요한일서 3:16

6 갓난아이가 엄마 품을 찾아 울듯이 당신도 그렇게 하나님께 나아가 기도할 수 있습니다. 하나님께 어떤 기도를 드리고 싶으십니까?

7 당장 '10-10-10'을 어떻게 적용하시겠습니까? 각자의 계획을 나누고, 서로를 위해서 기도해 주십시오.

하나님나라 이야기 3 / 하나님나라 백성의 영적 성장

마태복음 13장, 마가복음 4장, 누가복음 8장에는 모두 '씨 뿌리는 자의 비유'가 나옵니다. 이 비유를 볼 때, 우리의 영적 성장을 가로막는 두 가지 요소는 무엇이며, 영적 성장의 두 가지 핵심 요소는 무엇입니까?

하나님과 함께하는 시간 연습하기

아침에 10분, 점심 즈음에 10분, 잠자리에 들기 전 10분씩 시간을 확보해 하나님과 '배타적인 대화 시간'을 가져 보십시오. 그리고 이것이 자신의 생활 습관이 되도록 꾸준히 연습하십시오.

	아침 기도 10분	성경 읽기 10분	밤 기도 10분
일(요일)			
일(요일)			
일(요일)			
일(요일)			
일(요일)			
일(요일)			
일(요일)			

04

인격적인 하나님, 어떤 분이신가?

들어가며

1 그리스도인들은 종종 "하나님과 인격적인 만남이 있느냐?"라는 질문을 주고받습니다. 질문을 하는 사람이나 질문을 받는 사람 모두 이 질문의 의미를 잘 알고 있는 것처럼 보이기도 하지만, 잘 모르거나 모호하게 이해하고 있는 것처럼 보이기도 합니다. 당신은 하나님과 인격적인 만남을 갖는다는 것이 무엇을 뜻한다고 생각하십니까?

인격적인 하나님

2 우리가 하나님과의 인격적 만남을 이야기하는 것은, 성경이 하나님을 '인격적인 하나님'이라고 가르치기 때문입니다. 성경의 가르침 가운데 어디서 그 근거를 찾을 수 있을까요?

● _____ 하나님: 하나님의 공동체성

> "여기서 우리가 알 수 있는 것은, 이 세 분의 하나님이 각자의 뜻을 가지고 계시고, 그것을 서로 소통하시며, 무엇보다도 깊은 사랑 가운데 온전한 연합(하나됨)을 이루고 계시다는 것입니다."
> _pp.72-73

3 그런데 성경은 하나님이 인간을 자신의 형상을 따라 만드셨다고 합니다. 프란시스 쉐퍼는 아래의 도표를 통해 동물과는 다른 인간의 독특성을 설명합니다. 쉐퍼의 입장은 무엇입니까?

무한하시고Infinite —	인격적인Personal 하나님
(간격)	인간
인간	(간격)
동물	동물
나머지 피조세계	나머지 피조세계

먼저 다가오시는 하나님

4 하나님은 인격적인 하나님이시지만 또한 인간의 이해 영역을 초월하여 존재하시는 분입니다. 또 우리 인간은 도덕적으로 흠이 많습니다. 무한하신 하나님과 유한한 인간, 거룩하신 하나님과 흠이 많은 인간이 인격적 관계를 맺는다는 것은 불가능해 보입니다. 그럼에도 성경이 인격적 만남이 가능하다고 하는 근거는 무엇입니까?

● 하나님 앞에 설 수 있게 하는 하나님의 _____

> "무엇보다도 하나님은, 죄로 인해서 하나님과 관계가 끊어졌을 뿐 아니라, 진노의 자녀(로마서 1:18; 에베소서 2:3)였던 우리의 죄를 없애버리시기 위해 예수를 보내셔서, 우리 각각을 구원하실 수 있는 그리스도(=메시아)로서 우리의 몸값(마태복음 20:28), 죗값(로마서 3:24)을 지불하게 하셨습니다. 하나님 앞에 설 수 없는 죄인이었던 우리가, 의인으로 여겨 주시는 은혜로 인해 감히 하나님 앞에 설 수 있게 된 것입니다."_p.76

● 먼저 자신을 드러내시는 하나님의 _____

5 하나님은 우리가 하나님께 다가갈 수 있도록, 하나님을 알 수 있도록 먼저 다가오셨습니다. 이렇게 하나님이 자신을 객관적으로 드러내기 위해 선택하신 미디어는 무엇입니까?

> "그래서 그리스도인들은 성경을 사랑합니다. 이 성경은 하나님이 어떤 분이신지뿐 아니라, 우리를 어떻게 사랑하시는지, 또한 우리의 개인적·사회적·역사적 상황 속에서 하나님이 우리를 얼마나 사랑하시며 어떻게 인도하시는지를 깨닫게 해줍니다. 뿐만 아니라 하나님은 깨지고 고통이 만연한 세상 속에서 무슨 일을 하고 계시며 궁극적으로 어떤 일을 하실지 보여 주시고, 우리를 그분의 사역에 초대하십니다."_p.78

하나님과의 인격적 관계를 힘들게 하는 장애물

6 하나님을 인격적으로 알아가는 과정에서 우리는 종종 장애물을 만나게 됩니다. 우리의 무지와 오해 때문에 하나님에 대한 왜곡된 이미지들을 가질 수 있습니다. 당신이 지금까지 가지고 있던 하나님의 이미지는 어떠한 것이었습니까? 그 이미지들은 어떤 면에서 하나님과의 인격적 관계에 방해가 되었습니까?

7 그러한 장애물들은 어떻게 극복할 수 있을까요? 무엇을 해야 이 장애물을 넘어서서 하나님을 알아가고 누릴 수 있을까요?

● _____과 _____을 통해 하나님 알아가기

> "우리는 성경을 통해, 하나님에 대한 무지가 신선한 깨달음으로 바뀌며, 오랫동안 형성되어 온 우리 속의 오해를 발견하고 그 오해가 참다운 이해로 바뀌는 경험을 합니다. 이러한 경험은 성경을 읽고 묵상하는 가운데 찾아옵니다. 또 인생을 살아가면서 삶의 현장에서의 다양한 경험을 통해서, 실제로 일하시는 하나님을 체험하고 알아가게 됩니다. 이때, 예수님의 영이신 성령께서 하나님의 다양한 모습을 깨닫게 해주시고, 살아계신 하나님을 만날 수 있도록 지도하십니다."_p.84

나누고 누리기

8 호세아 6:3을 다시 읽어 보십시오. 하나님은 우리가 알 수 있는 분이라고 호세아는 이야기합니다. 이번 장에서 하나님에 대해 새롭게 깨달은 것이 있다면 나누어 보고, 자신을 알려 주시는 하나님께 감사와 찬양을 드리십시오.

9 지난주의 '10-10-10'에 대해서 이야기를 나누고, 이번 주의 '10-10-10'을 위해 서로 기도해 줍시다.

하나님나라 이야기 4 / 하나님나라 백성의 가장 큰 영광은?

우리가 하나님나라에 속할 때, 우리가 누리가 되는 가장 큰 축복과 영광
은 무엇입니까?

하나님과 함께하는 시간 연습하기

아침에 10분, 점심 즈음에 10분, 잠자리에 들기 전 10분씩 시간을 확보해 하
나님과 '배타적인 대화 시간'을 가져 보십시오. 그리고 이것이 자신의 생활
습관이 되도록 꾸준히 연습하십시오.

	아침 기도 10분	성경 읽기 10분	밤 기도 10분
일(요일)			
일(요일)			
일(요일)			
일(요일)			
일(요일)			
일(요일)			
일(요일)			

05

하나님께서 우리에게
하시는 말씀,
어떻게 누릴까?

들어가며

1 성경은 1,500여 년의 기간에 40여 명의 저자에 의해 히브리어, 아람어, 헬라어로 기록되었습니다. 인류 역사상 가장 많은 언어로 번역되었고 가장 많이 인쇄되고 가장 많이 읽히고 있습니다. 지금도 여러 사람이 성경을 번역하고 연구하고 매일 묵상하고 있습니다. 성경이 이토록 전 세계 사람들로부터 사랑받는 이유가 무엇이라고 생각하십니까?

> "과거에 말씀하시고 일하셨던 기록을 통해, 우리는 오늘도 우리
> 속에서 일하시고 우리와 소통하시는 하나님을 만납니다." _p.95

통독, 성경을 통째로 누리기

2 하나님께서 다양한 역사적, 사회적, 문화적, 개인적 상황 속에서 말씀하신 것을 담은 이 성경을 우리는 어떻게 읽으면 좋을까요? 이 책에서 제시하는 방법을 요약해 보십시오.

● _____ 읽기

● 성경을 읽는 순서: 사복음서 → _____ → _____ → _____

3 사복음서를 읽을 때 우리가 집중해야 할 두 가지는 무엇입니까?

4 사복음서, 서신서, 구약, 그리고 요한계시록(예언서)이 각각 예수와 어떤 관계가 있는지 이야기 나누어 보십시오(《풍성한 삶의 첫걸음》pp. 98-102 참고).

> "성경 전체는 정말이지 예수 그리스도를 증거하는 책입니다. 사복음서는 예수 그리스도의 지상에서의 삶과 사역을 증언하고 있고, 서신서는 예수 그리스도를 주로 섬기고 따랐던 자들의 삶에 대한 증언이며, 구약 전체는 예수 그리스도를 기다릴 수밖에 없는 이유와 하나님이 이 깨진 세상을 메시아(=그리스도) 예수를 통해 회복하려 하신다는 약속을 담고 있습니다. 그리고 마지막으로 구약의 예언자들의 글 일부와 요한계시록은 하나님께서 세상을 어떻게 온전히 회복하실지와 이 회복의 중심에 계신, 다시 오실 그리스도에 대한 증언입니다." _pp.101-102

묵상, 성경을 우려내서 누리기

5 통독이 성경이라는 큰 숲을 보는 것이라면, 묵상은 그 성경이라는 숲을 이루고 있는 나무의 가지와 잎사귀를 보는 것입니다. 짧은 본문을 집중해서 읽고 그 내용을 주의 깊게 관찰하고, 그 의미를 해석해서 깨달은 바를 자신의 마음과 삶 속에 적용하는 것입니다. 이렇게 묵상을 할 때 각 단계에서 집중해야 할 것이 무엇인지 이야기해 보십시오.

- _____ : 성경 본문을 있는 그대로 살피는 것

- _____ : 말씀이 그려 내는 상황 속에서, 본래의 메시지를 찾아내는 것

- _____ : 우리 각자의 삶 속에서, 그 메시지를 따라 사는 것

> "이렇게 묵상을 통해서 우리는 말씀 속으로 들어가고 그 속에서 말씀하고 계시는, 일하고 계시는 하나님을 만납니다. 그러므로 우리는 성경을 묵상함으로써, 하나님의 뜻과 마음을 나의 뜻과 마음 속에 새기게 됩니다. 아버지 하나님이 우리 자녀에게 뜻하시는 바들을 알게 되는 것, 이것은 하나님의 자녀에게 가장 큰 축복이며 기쁨입니다." _p.105

나누고 누리기

6 요한복음 5장 39-40절을 읽어 보십시오. 이 구절은, 우리가 성경을 읽고 연구하는 것을 통해 무엇을 얻을 수 있다고 말합니까? 또한 이 성경 전체가 증언하는 분이 누구라고 이야기합니까? 당신은 성경 읽기에 대해 어떤 기대가 생기십니까?

> "너희가 성경을 연구하는 것은, 영원한 생명이 그 안에 있다고 생각하기 때문이다. 성경은 나에 대하여 증언하고 있다. 그런데 너희는 생명을 얻으러 나에게 오려고 하지 않는다"(요한복음 4:39-40).

7 성경을 묵상할 때 관찰-해석-적용의 과정을 갖는 것이 좋다고 이야기했습니다. 각각을 어떻게 할 수 있는지 지난주 읽었던 본문 중 하나를 택해서 실습해 보십시오. 이러한 과정을 통해서 하나님에 대해서 새롭게 깨닫게 된 것과 나 자신을 향하신 하나님의 뜻이 무엇인지 발견한 것을 이야기해 보십시오.

8 당신은 하나님을 알 수 있는 이 고귀한 기회를 누리기 위해서 어떻게 시간을 확보하시겠습니까? 현재 하고 있는 '10-10-10'을 잘 활용하거나 발전시킬 수 있는 방법에 대해 이야기해 보고 서로를 위해서 기도해 주십시오.

하나님나라 이야기 5 / 구약에서 신약을 관통하는 하나님나라 사상

성경 전체를 관통하는 가장 중요한 주제이자 예수님이 가르치신 핵심 사상은 '하나님나라'입니다. 구약과 신약은 각각 하나님나라의 어떤 내용을 이야기하고 있습니까?

하나님과 함께하는 시간 연습하기

아침에 10분, 점심 즈음에 10분, 잠자리에 들기 전 10분씩 시간을 확보해 하나님과 '배타적인 대화 시간'을 가져 보십시오. 그리고 이것이 자신의 생활 습관이 되도록 꾸준히 연습하십시오.

	아침 기도 10분	성경 읽기 10분	밤 기도 10분
일(　요일)			
일(　요일)			
일(　요일)			
일(　요일)			
일(　요일)			
일(　요일)			
일(　요일)			

06

하나님께 말씀드리는 기도, 어떻게 누릴까? (1)

들어가며

1 기도가 없는 종교는 종교라고 할 수 없을 정도로, 기도는 모든 종교의 공통된 요소입니다. 그러나 모든 종교의 기도가 다 똑같지는 않습니다. 기도의 대상을 어떻게 이해하고 믿느냐가 다르기 때문입니다. 지금까지 당신이 생각했던 기도는 어떤 것이었습니까?

기도, 아버지이신 하나님과의 소통

2 그리스도인의 기도는 무언가를 얻어내려는 다른 종교의 기도와는 다른 독특한 면이 있습니다. 자녀들이 아버지와 소통하는 것과 같기 때문입니다. 아이가 태어나서 엄마와 눈을 맞추면서 소통하기 시작하다가 곧이어 "엄마, 아빠"를 부르고 자신을 표현하듯, 우리도 그렇게 하나님과 소통하는 법을 배워나갑니다. 그렇다면 이러한 하나님과의 소통에는 어떤 특징이 있을까요?

● 하나님을 _____과정

● 하나님을 _____축복

"하나님을 알아가는 소중한 과정이 없으면, 하나님을 향한 그리스도인의 기도는 일반 종교인들의 기도와 다를 것이 없어집니다. 신을 설득하고 감화하여 자신의 소원을 이루려는 일반적인 기도와 그리스도인의 기도가 다른 면이 여기에 있습니다."_pp.117-118

"그리스도인의 기도는…이미 나를 사랑하신 하나님 아버지 앞에 나아가 앉아 있는 것입니다. 엄마 품에 안기는 것처럼 하나님 품에 안겨, 엄마에게 눈 맞추며 평안을 누리듯이 하나님을 바라보고 그분이 주시는 세상과 다른 평안을 누리는 시간입니다."_p.118

예수께서 친히 가르쳐 주신 주기도

3 감사하게도, 하나님과 누구보다도 깊은 아버지-아들 관계를 누리셨던 성자 예수님께서 우리에게 기도하는 법을 가르쳐 주셨습니다. 이 주기도문은 "하늘에 계신 우리 아버지여"로 하나님을 부르며 시작됩니다. 이 어구가 의미하는 바는 무엇인가요? 또 어떤 면에서 중요한가요?

● "하늘에 계신":

● "아버지":

● "우리":

"'하늘에 계신 우리 아버지'로 시작된 주기도문은 두 부분으로 나
뉘어 있습니다. 하나님에 대한 기도와 우리 자신을 위한 기도가
바로 그것입니다.…여기서 우리는 하나님에 대한 기도가 나온 다
음에 우리 자신을 위한 기도가 나온다는 사실에 먼저 주의를 기
울일 필요가 있습니다. 우리는 우리를 사랑하여 주신, 우리에게
모든 것을 다 주시는 아버지 앞에 나아가지만, 그분은 '나의' 하나
님이시기에 앞서, 우주를 지으시고 인간 역사를 주장하시며 우리
교회와 개개인의 주인이신 하나님이십니다. 그러므로 아무리 영
적으로 어린아이라 할지라도 하나님 앞에 나아갈 때는 그가 누구
신지를 기억해야 합니다." _pp.121-122

4 주기도문의 첫 번째 부분인 '하나님의 기도'는 세 가지로 이루어져 있습니
다. 그 각각이 의미하는 바는 무엇입니까?

● "이름이 거룩히 여김을 받으시오며": 하나님의 _____

● "나라가 임하시오며": 하나님의 _____

● "뜻이 하늘에서 이루어진 것같이 땅에서도 이루어지이다": 하나님의 _____

"먼저 아버지의 이름이, 나를 통해서, 교회를 통해서 어떻게 세상 속에서 거룩히 여김을 받을 수 있을지 묵상하고 떠오르는 내용을 가지고 기도하십시오. 하나님의 다스림이 온전히 임할 날을 기다리며, 그날이 어서 오도록, 그날이 올 때까지 하나님나라 백성답게 살기 위해서 어떤 기도를 드려야 할지 묵상하고 떠오르는 내용을 가지고 기도하십시오. 그리고 특별히 나의 삶의 여러 영역에서 하나님의 뜻이 이루어져야 할 부분들을 생각해 보고 떠오르는 부분이 있다면 그 내용을 아버지께 아뢰어 보십시오." _pp.128- 129

나누고 누리기

5 특별히 앞에서 언급한 성경 구절들(마태복음 6:7-8; 로마서 8:32)을 다시 찾아보고, 우리가 기도하는 대상인 하나님이 어떤 분이신지, 그리고 이 하나님을 믿을 때 우리의 기도가 어떻게 달라질 수밖에 없는지 이야기 나누어 보십시오.

"너희는 기도할 때에, 이방 사람들처럼 빈말을 되풀이하지 말아라. 그들은 말을 많이 하여야만 들어주시는 줄로 생각한다. 그러므로 그들을 본받지 말아라. 하나님 너희 아버지께서는, 너희가 구하기 전에, 너희에게 필요한 것이 무엇인지를 알고 계신다"(마태복음 6:7-8).

"자기 아들을 아끼지 않으시고, 우리 모두를 위하여 내주신 분이, 어찌 그 아들과 함께 모든 것을 우리에게 선물로 거저 주지 않으시겠습니까?"(로마서 8:32)

6 당신은 지금까지 하나님의 이름, 하나님의 나라, 하나님의 뜻을 위해서 어떤 기도를 드렸습니까? 당신이 이 세 주제를 가지고 기도한다면, 각각 어떤 기도를 드릴 수 있을지 이야기 나누어 보십시오.

7 이번 주에 언제 어디에 당신의 '골방'을 만들어, 하나님을 위한 기도를 드릴지 서로 이야기하고, 서로를 위해서 일주일 동안 기도해 줍시다.

하나님나라 이야기 6 / '이미'와 '아직'(already, not yet)의 하나님나라

예수님은 자신의 죽음과 부활을 통해 하나님나라가 '이미' 시작되었지만, 예수님이 다시 오실 때까지 하나님나라가 '아직' 온전히 임하지는 않았다고 말씀하십니다. 이러한 하나님 나라를 깨달은 그리스도인들은 이 땅에서 어떻게 살아가야 할까요?

아침에 10분, 점심 즈음에 10분, 잠자리에 들기 전 10분씩 시간을 확보해 하나님과 '배타적인 대화 시간'을 가져 보십시오. 그리고 이것이 자신의 생활 습관이 되도록 꾸준히 연습하십시오.

	아침 기도 10분	성경 읽기 10분	밤 기도 10분
일(요일)			
일(요일)			
일(요일)			
일(요일)			
일(요일)			
일(요일)			
일(요일)			

07

하나님께 말씀드리는 기도, 어떻게 누릴까?(2)

들어가며

1 지난 장에서 주기도문의 첫 부분, 곧 하나님에 대한 기도를 배웠다면, 이제 우리 자신을 위한 기도를 배울 차례입니다. 당신은 지금까지 자신을 위해서 기도할 때 주로 어떤 내용을 가지고 기도했습니까?

자신을 위한 기도

2 주기도문에 나타난, 우리를 위한 기도의 첫 번째 내용은 "오늘 우리에게 일용할 양식을 주시옵고"입니다. 바쁜 세상살이를 하는 우리는, 직장, 성공, 병 고침, 결혼 등 구해야 할 것이 아주 많은데, 예수님은 왜 '일용할 양식'을 구하라고 하시는 걸까요? 예수님은 이 기도를 통해서 우리에게 무엇을 가르치고 계시는 것일까요?

● 하나님나라 백성의 _____

> "일용할 양식을 위한 기도는 소박해 보이지만, 이 세상 속에서 살면서 세상의 원리대로 살지 않고 하나님의 원리를 따라 살겠다는 하나님나라 백성의 놀라운 고백이며 간구입니다." _p.142

3 우리 자신을 위한 두 번째 기도는, "우리가 우리에게 죄 지은 자를 사하여 준 것같이 우리 죄를 사하여 주시옵고"입니다. 이 기도의 의미는 무엇일까요?

● 하나님나라 백성의 _____

> "이렇게 용서를 위한 기도는, 우리 개인의 깨진 관계와 이로 인한 내면의 갈등을 해소하기 위한 기도를 넘어서서, 우리가 맺고 있는 다양하고 다면적인 관계 속에서 하나님의 평화를 이루기 위한 기도입니다. 이미 우리는 하나님과 평화를 이루었으므로, 우리의 이웃 그리고 우리가 사는 세상 속에서 샬롬, 곧 하나님의 완전한 평화를 이루고, 그래서 우리 내면에서 온전한 샬롬을 누리기 위한 기도인 것입니다."_p.144

4 우리를 위한 세 번째 기도는, "우리를 시험에 들게 하지 마시옵고, 악에서 구하시옵소서"입니다. 이 기도는 하나님이 우리를 시험하신다는 뜻이 아닙니다. 그렇다면 이 기도의 의미는 무엇일까요?

● 하나님나라 백성의 _____

> "우리 자신을 위해서 드리는 이 마지막 기도는 우리가 어디에 살고 있는지를 분명하게 보여 줍니다. 이곳은 아직 하나님나라가 완전하게 임하지 않은 세상입니다. 우리를 미혹하는 유혹이 있고, 비록 패하였지만 여전히 영향을 끼치는 악한 자가 하나님의 백성을 넘어뜨리려고 하는 세상입니다. 우리는 우리 자신을 위한 이

마지막 기도를 드리면서, 하나님께서 이 세상을 완전히 회복하실 때까지, 하나님나라 백성답게 이 세상에서 살아가길 소원합니다." _p.146

주기도의 마무리

5 주기도문의 마지막 부분에는 "나라와 권세와 영광이 영원히 아버지께 있사옵나이다"라는 구절이 있습니다. 이 부분은 후대에 삽입되었을 가능성이 매우 높지만, 기도를 마감하기에는 매우 적합합니다. 이 기도에는 어떤 의미가 담겨 있습니까?

6 주기도문을 따라 기도하면, 하나님 아버지 앞에서 하나님의 이름과 나라와 뜻을 위하여 기도한 이후에, 하나님의 관점을 가지고 자신을 위해 기도하게 됩니다. 주기도문을 따라 기도할 때 우리가 누릴 수 있는 유익으로는 어떤 것이 있을까요?

"많은 사람들이 하나님의 뜻이 무엇인지 모른다고 이야기하지만, 만약 자신을 위한 세 가지 기도뿐 아니라 하나님을 위한 세 가지 기도까지 함께 드린다면, 적지 않은 경우 하나님의 뜻은 자연스럽게 드러나곤 합니다." _p.147

나누고 누리기

7 자신을 위해서 드리는 참된 기도는 하나님의 뜻에 걸맞은 기도여야 합니다. 그렇다면 우리의 생존 방식, 인간관계, 영적인 싸움을 위해서 어떤 기도를 드려야 할까요? 서로 이야기 나누어 봅시다.

8 이번 주에 당신은 자신을 위하여 언제 어디서 "골방에 들어가 문을 닫고 은밀한 중에 보시는 하나님께 기도"할지 서로 이야기 나누고 서로를 위해 기도합시다.

> 하나님나라 이야기 7 / 하나님나라 백성의 기도에 드러나는 그들 삶의 특징
>
> 예수께서 가르치신 하나님나라를 진심으로 받아들인 하나님나라 백성 된 자들이, 주님께서 가르친 기도를 드릴 수밖에 없는 이유는 무엇입니까?

하나님과 함께하는 시간 연습하기

아침에 10분, 점심 즈음에 10분, 잠자리에 들기 전 10분씩 시간을 확보해 하나님과 '배타적인 대화 시간'을 가져 보십시오. 그리고 이것이 자신의 생활 습관이 되도록 꾸준히 연습하십시오.

	아침 기도 10분	성경 읽기 10분	밤 기도 10분
일(　요일)			
일(　요일)			
일(　요일)			
일(　요일)			
일(　요일)			
일(　요일)			
일(　요일)			

08

기도와 말씀의 삶을 어떻게 온전히 누릴까?

들어가며

1 하나님께서 계획하셨던 '풍성한 삶', 즉 우리가 살아내야 할 가치 있고 의미 있는 우리 몫의 삶을 살도록 하기 위해서 하나님은 우리에게 말씀과 기도를 주셨습니다. 당신은 이 말씀과 기도를 통해 '풍성한 삶'을 어떻게 맛보고 있습니까?

성령님과 교회

2 이 '풍성한 삶'을 향한 첫걸음을 떼기 시작할 때, 우리는 단지 성부 하나님이 주신 말씀과 성자 예수님이 가르쳐 주신 주기도문만 의지하는 것이 아닙니다. 우리에게는 성령 하나님이 계십니다. 성령께서는 우리의 풍성한 삶을 위해 어떤 역할을 하시나요?

> "내가 아버지께로부터 너희에게 보낼 보혜사 곧 아버지께로부터 오시는 진리의 영이 오시면, 그 영이 나를 위하여 증언하실 것이다"(요한복음 15:26).

> "그러나 그분 곧 진리의 영이 오시면, 그가 너희를 모든 진리 가운데로 인도하실 것이다. 그는 자기 마음대로 말씀하지 않으시

고, 듣는 것만 일러주실 것이요, 앞으로 올 일들을 너희에게 알려 주실 것이다. 또 그는 나를 영광되게 하실 것이다. 그가 나의 것을 받아서, 너희에게 알려 주실 것이기 때문이다"(요한복음 16:13-14).

"하나님께서 우리에게 주신 성령을 통하여 그의 사랑을 우리 마음속에 부어 주셨기 때문입니다"(로마서 5:5).

"이와 같이, 성령께서도 우리의 약함을 도와주십니다. 우리는 어떻게 기도해야 할지도 알지 못하지만, 성령께서 친히 이루 다 말할 수 없는 탄식으로, 우리를 대신하여 간구하여 주십니다"(로마서 8:26).

3 성삼위 하나님이 공동체적으로 존재하시듯이, 하나님은 우리 인간도 공동체 속에서 살도록 하셨습니다. 그 공동체는 '하나님의 가족Family of God', '그리스도의 몸Body of Christ', '성령의 전Temple of the Spirit'으로 표현할 수 있습니다. 이러한 공동체는 우리가 '풍성한 삶'을 누리는 데 어떻게 도움이 되나요?

말씀과 기도가 살아 있는 공동체

4 우리는 성경을 통해서 하나님이 어떤 분이신지, 그리고 우리 각자와 인간을 향하신 하나님의 뜻이 무엇인지 알아갈 수 있습니다. 그런데 이렇게 성경을 통해 하나님을 알아가는 법을 공동체를 통해서 배울 수 있습니다. 건강한

공동체는 말씀과 관련하여, 어떤 특징을 가지고 있습니까?

● **말씀이 _____공동체**

● **말씀을 _____공동체**

● **말씀을 _____공동체**

5 우리가 깨달은 말씀을 진실하게 나누도록 이 책이 추천하는 3C의 방법은 무엇입니까?

● _____

● _____

● _____

6 우리는 하나님나라 백성답게 기도하는 법을 처음부터 제대로 배워야 하는데, 이를 위해서 공동체는 매우 중요합니다. 공동체 속에서 기도를 배우는 방법으로는 어떤 것이 있을까요?

> "말씀과 기도는 '풍성한 삶'을 누리는 유일무이한 방법입니다. 실인즉, 말씀과 기도는 하나님 자신을 누리는 가장 초보적이며, 가

장 본질적이며, 가장 오래된 방법입니다. 이런 귀한 축복을 누리는 자들과 함께 인생을 사는 일은 아무리 강조해도 지나침이 없습니다. 왜냐하면 인생을 살아가는 일에 동반자가 너무나도 중요하기 때문입니다. 하나님은 우리를 나그네로 살게 하셨지만, 홀로 남겨진 외로운 나그네가 아니라 함께 걸어가는 나그네들로 우리를 부르셨습니다."_pp.169-170

나누고 누리기

7 지난 주, 설교나 성경 읽기를 통해서 깨달은 말씀을 3C 방식으로 공동체에서 나누어 보십시오. 아직 공동체가 없다면 가까운 그리스도인들에게 나누어 보셔도 좋습니다.

8 함께 기도할 수 있는 공동체에 속한 다음, 주기도문으로 기도하는 법을 함께 배우자고 제안하십시오. 그리고 주기도문으로 당신의 공동체를 위해서 기도하십시오.

9 예수님께서 주기 원하시는 '풍성한 삶'은 하루아침에 주어지는 것이 아닙니다. 그것은 우리가 성숙해 나가면서 얻게 되는 복입니다. 이 책을 통해서 배운 중요한 진리를 당신의 평생의 삶에 어떻게 적용할지 써 보십시오. 그리고 이를 위해서 기도하십시오.

하나님나라 백성으로서 세상의 가치관과 방식대로 살아가지 않는 우리
는, 하나님나라를 받아들인 동지들의 공동체가 꼭 필요합니다. 예수께서
원하시는 하나님나라 공동체의 특징은 무엇일까요?

하나님과 함께하는 시간 연습하기

아침에 10분, 점심 즈음에 10분, 잠자리에 들기 전 10분씩 시간을 확보해 하
나님과 '배타적인 대화 시간'을 가져 보십시오. 그리고 이것이 자신의 생활
습관이 되도록 꾸준히 연습하십시오.

	아침 기도 10분	성경 읽기 10분	밤 기도 10분
일(요일)			
일(요일)			
일(요일)			
일(요일)			
일(요일)			
일(요일)			
일(요일)			

09

생애 첫 간증,
그리고 증인의 삶

들어가며

1 기독교의 창시자인 예수 그리스도는 단 3년 동안 가르쳤고, 그의 제자들은 사회의 중하층민들이었습니다. 그들을 지원한 후원자도 없었고, 오히려 그들은 심한 박해를 받았습니다. 이러한 상황에서 기독교가, 인류 역사를 이야기할 때 빼놓을 수 없는 영향력을 갖는 주요 종교로 자리매김을 하게 된 이유는 어디에 있을까요?

2 기독교는 늘 증인들의 증언, 그리고 그 증인들의 증언에 걸맞은 진정성 있는 삶을 통해서 전파되어 왔습니다. 당신은 어떤 사람의 증언을 통해서 예수에 대해서 진지하게 고민하고 예수를 당신 인생의 주인으로 받아들이게 되었습니까?

삶의 변화를 겪는 그리스도인의 책임이자 특권

3 예수 그리스도 안에서 새로운 존재가 된 우리는 인생의 모든 영역에서 점진적인, 또 때로는 급진적인 변화를 경험하게 됩니다. 그리스도인들이 어떻게 변화하며 성장하는지 다음의 도표를 보며 간단하게 설명해 보십시오.

그리스도 안에서 네 가지 관계에서 자라감

4 이러한 변화의 과정을 겪는 그리스도인들에게는 중요한 책임이자 특권이 있습니다. 그것은 이러한 변화의 중심에 계신 하나님에 대해서 우리 각자가 이해하고 깨달은 만큼 전하는 것입니다. '증언'과 '전도'가 바로 그것입니다. 이 두 가지는 어떻게 다를까요? 또 '증언'과 '전도'를 할 때 중요하게 기억해야 할 요소는 무엇일까요?

● **증언(간증):**

　　중요한 요소: ＿＿＿＿＿＿

● **전도:**
　　중요한 요소: ＿＿＿＿＿＿과 ＿＿＿＿＿＿

> "우리가 믿는 진리는 평생 동안 더욱더 깊이 알아가는 진리입니다. 이미 우리가 하나님의 은혜로 구원을 얻었지만, 더욱 견고하고 더욱 선명하게 진리를 알아가는 일은 평생에 걸쳐 일어납니다.

이를 위해서 우리는, 진실한 질문을 지속적으로 던지며, 성경을
통해, 그리고 좋은 선배들과의 대화와 서적들을 통해 더 깊은 깨
달음과 확신으로 나아가게 됩니다." _p.187

하나님과의 첫 만남 기록

5 우리가 하나님을 만나 변화된 이야기, 즉 이러한 변화가 이제 막 시작되었
다면, 비록 이 변화가 아직 온전하지 못하더라도, 이러한 변화를 시작하게 하
신 하나님과 어떻게 만나게 되었는지 그 이야기를 기록해 놓는 것은 꼭 필요
합니다. 아마 이것은 우리의 첫 간증문이 될 것입니다. 그렇다면 이런 소중한
기록은 어떻게 쓸 수 있을까요? 간증문을 쓰는 방법에 대해 정리해 보십시오.

● 예수를 _____ 이야기

● 예수를 _____ 이야기

● 예수를 _____ 이야기

● 주님께 드리는 기도

"우리는 우리의 인생을 통해서 자신만의 이야기를 써나가고 있습
니다. 이 이야기 중에 하나님을 만난 사건에 대한 이야기는 우리

인생 이야기의 가장 중요한 꼭지일 것입니다. 이러한 이야기를 우리가 사랑하는 사람들에게 나누어 주는 간증과, 이 예수에 대해 소상하게 안내해 주는 전도는, 풍성한 삶을 살아가는 사람들에게 세상에서 가장 아름다운 축복이며 특권입니다." _p.195

나누고 누리기

6 당신이 사랑하는 사람, 관심이 있는 사람들 중에서 가장 먼저 간증을 하고 싶은 사람은 누구입니까? 이들을 위해서 당신은 무슨 이야기를 할 수 있을까요?

7 전도를 하려고 할 때 당신에게 필요한 부분은 무엇이라 생각하십니까? 또 당신은 그것을 위해서 무엇을 준비할 수 있겠습니까?

8 당신의 간증문을 써 보십시오. BC의 이야기, 예수를 만나게 된 과정, 그리고 AD의 이야기를 써 나가면서, 하나님께서 당신의 인생 속에서 어떻게 일하셨는지 깊이 묵상해 보십시오.

하나님나라 백성으로 살아가는 이들은 자신에게 일어난 놀라운 일을 사람들에게 간증하고 전도하고 싶어합니다. 이들에게 이러한 마음이 생기는 이유는 무엇일까요?

하나님과 함께하는 시간 연습하기

아침에 10분, 점심 즈음에 10분, 잠자리에 들기 전 10분씩 시간을 확보해 하나님과 '배타적인 대화 시간'을 가져 보십시오. 그리고 이것이 자신의 생활 습관이 되도록 꾸준히 연습하십시오.

	아침 기도 10분	성경 읽기 10분	밤 기도 10분
일(요일)			
일(요일)			
일(요일)			
일(요일)			
일(요일)			
일(요일)			
일(요일)			

10

세례,
그 사랑 깊은 언약

들어가며

1 결혼식이 기쁘고 또한 경건한 이유는 두 남녀가 자신의 인생을 걸고 평생 상대방을 사랑하겠다고 사람들과 하나님 앞에서 결단한 바를 선언하기 때문일 것입니다. 우리는 이를 '언약한다'고 표현합니다. 언약은 무조건적으로 서로에게 헌신하는 것입니다. 하나님이 당신과 언약을 맺으신다는 것은 하나님이 우리와 어떠한 사랑을 하시겠다는 것이며, 또한 당신은 그분과 어떤 사랑을 하겠다는 의미일까요?

세례, 하나님과의 언약 선포

2 로마서 10장 10절은 "사람은 마음으로 믿어서 의에 이르고 입으로 고백해서 구원에 이르게 됩니다"라고 말합니다. 즉, 우리 내면에서 내린 소중한 결단을, 사람들 앞에서 선언하라고 합니다. 세례식이 바로 그것입니다. 이 세례식은 어떤 점에서 결혼식과 유사합니까?

> "세례를 받는 사람들은, 자신들이 죄인이지만 하나님의 은혜로 구원을 받았다는 사실을 이미 진심으로 받아들인 사람들입니다. 즉 이미 구원에 이른 사람들입니다. 이렇게 이미 구원에 이른 사람들이 사람들 앞에서 자신의 믿음을 선언함으로써, 진정한 구원

에 이르렀음을 선언하는 것입니다."_p.206

세례식의 개인적인 의미: 그리스도와 연합한 자

3 세례식은 한 인간이 하나님과 언약을 맺었다는 것을 선포하는 의식입니다. 그러나 하나님과 언약을 맺었다는 개념을 조금 더 살펴보면, 단지 이것은 약속의 의미만 있는 것이 아니라, 예수님을 마음에 주로 받아들인 우리에게 이미 놀라운 일이 일어났다는 것입니다. 사도 바울은 로마서 6장에서 그 놀라운 일을 어떻게 설명하고 있습니까? 또 그 의미는 무엇입니까?

● 그리스도와의 _____

● _____의 변화

"세례(침례)를 받아 그리스도 예수와 하나가 된 우리는 모두 세례(침례)를 받을 때에 그와 함께 죽었다는 것을 여러분은 알지 못합니까?…우리가 그의 죽으심과 같은 죽음을 죽어서 그와 연합하는 사람이 되었으면, 우리는 부활에 있어서도 또한 그와 연합하는 사람이 될 것입니다"(로마서 6:3, 5).

"우리는…예수 그리스도와 함께 죄에 대해서 죽은 존재가 되었고, 예수 그리스도와 함께 하나님에 대해서 산 존재가 되었습니다. 이것은 우리의 도덕적인 상태가 완전히 변화되었다는 의미가 아니라, 우리의 신분이 이렇게 완전히 변화되었다는 뜻입니다. 이

렇게 하나님께서 우리의 신분을 바꾸셨기 때문에 우리는 우리를
이렇게 달라진 존재로 여겨야 합니다." _p.209

세례의 공동체적 의미: 하나님의 가족으로서의 삶

4 세례에는 단지 개인적인 의미만 있는 것이 아닙니다. 세례를 받는다는 것
은 우리 자신이 더 이상 영적 독립군이 아니라 하나님의 가족에 속하는 것을
뜻합니다. 이렇게 하나님의 가족으로서 공동체에 속한다는 것은 무엇을 뜻
합니까?

> "이 하나님의 가족이 바로 교회 공동체입니다. 우리가 교회 공동
> 체에 속하게 되었다는 것은, 단지 개념적으로 그렇게 되었다는 것
> 이 아니라, 실제로 각자 독특함과 다양성을 가지고 살아가는 형
> 제, 자매들과 한 가족이 된다는 것을 의미합니다. 기독교라는 제
> 도적인 종교, 교회라는 어떤 조직에 속한다는 의미보다는, 실제
> 로 서로 사랑하고 이끌어 주고 보호해 주고 함께 싸우며 함께 꿈
> 꾸는 사람들의 공동체 속에 속하는 것을 의미합니다." _pp.211-
> 212

5 예전에는 영아 사망률이 높았기 때문에, 아이가 태어나 백일이 되면 이제
이 아이는 살아남았고 앞으로도 잘 살아갈 것이라 믿고 이를 축하하는 백일
잔치를 하곤 했습니다. 세례식은 어떤 면에서 백일잔치와도 닮았습니까?

6 세례식은 개인의 신앙 고백인 동시에, 자신이 이제 속하여 함께 살아갈 공동체를 찾았고 그 속에 속하게 되었다는 것을 선언하는 것입니다. 하나님의 가족으로서 공동체에 속했다는 것은 당신의 영적 성장에 어떤 의미가 있습니까?

7 세례식은 어떤 면에서는 결혼식과 닮았고, 또 어떤 면에서는 백일잔치와 닮았습니다. 결혼하는 신부가 그렇듯, 당신에게는 어떤 소망이 있습니까? 백일을 맞는 아기를 바라보는 가족들처럼, 하나님의 가족은, 또 누구보다 이 가족의 아버지이신 하나님은 당신에게 어떤 기대를 하실까요?

> "먼저 자신이 하나님의 자녀로 새롭게 태어난 것을 확인하십시오. 그리고 그 하나님이 얼마나 인격적인 존재인지 알아가십시오. 그분의 말씀을 가까이 함으로써, 우리를 사랑하시고 우리를 하나님의 역사 속에 이끌어들이시는 그분을 배우십시오. 그리고 그분을 향해 기도하는 즐거움을 누리십시오. 홀로 이러한 삶을 살아가는 것이 아니라, 하나님의 공동체, 말씀과 기도의 공동체 속에서 그렇게 살아가십시오. 무엇보다 우리가 경험한 은혜를 주변 사람들에게 나누는 증인의 삶을 살아가십시오. 그리고 이렇게 시작된 예수 그리스도와 함께 하는 삶을 사람들 앞에서 고백하십시오."
> _pp.216-217

세례식은 하나님과 특별한 언약을 통해 하나님나라에 들어가게 되었음을, 우리의 신분이 변화되었음을 사람들과 공동체와 하나님 앞에서 선언하는 것입니다. 그렇다면 이렇게 선명하게 출발점을 가지고 난 이후에 우리에게 필요한 것은 무엇일까요?

하나님과 함께하는 시간 연습하기

아침에 10분, 점심 즈음에 10분, 잠자리에 들기 전 10분씩 시간을 확보해 하나님과 '배타적인 대화 시간'을 가져 보십시오. 그리고 이것이 자신의 생활 습관이 되도록 꾸준히 연습하십시오.

	아침 기도 10분	성경 읽기 10분	밤 기도 10분
일(요일)			
일(요일)			
일(요일)			
일(요일)			
일(요일)			
일(요일)			
일(요일)			

누군가가 신앙의 첫걸음을 건실하게 뗄 수 있도록 섬기는 것은 귀한 일입니다.
이 일을 위해서 다음의 자료들을 가지고 네 번의 모임을 가지며 이끄미로서
발돋움할 수 있도록 함께 준비되어 갑시다.

이끄미로
발돋움하기 위한
자료

*모임을 하기 전에 항상 미리 준비해야 할 과제들이 있습니다. 풍성한 나눔을 할 수 있도록,
다음 모임에서 나눌 내용을 미리 읽고 나눔 질문에 답을 해 보십시오.

첫 번째 모임_
하나님나라 복음 이해

과제 및 나눔 질문

1 《풍성한 삶으로의 초대》 또는 《하나님나라의 도전》을 다시 한 번 읽어 보십시오. 이 책들을 읽을 시간이 부족하다면, 《풍성한 삶의 기초 워크북》 부록 "풍성한 삶? 풍성한 삶!"(pp. 202-226)을 읽으십시오.

2 하나님나라 복음의 중요한 요소를 다음의 주제에 따라 정리해 보십시오. 위의 책들과 성경을 사용하되, 자신의 말로 정리해 보십시오. 고백문의 형식으로 써 보아도 좋습니다.

(1) 세상과 나의 주인이신 하나님:

(2) 인간의 죄의 본질과 심각성:

(3) 예수 그리스도의 오심과 죽으심, 부활의 의미:

(4) 예수 그리스도를 영접하는 것, 이미 시작된 하나님나라에 들어가는 것의 의미:

3 각자가 써 온 내용을 2의 (1)부터 하나씩 나누면서, 자신이 쓴 내용에서 보완해야 할 부분이나 수정할 부분들이 있다면 아래에 기록하십시오.

(1) 세상과 나의 주인이신 하나님:

(2) 인간의 죄의 본질과 심각성:

(3) 예수 그리스도의 오심과 죽으심, 부활의 의미:

(4) 예수 그리스도를 영접하는 것, 이미 시작된 하나님나라에 들어가는 것의 의미:

4 하나님께서 예수 그리스도를 통해 우리를 위해서 행하신 일에 대해서, 오늘 나눔을 통해 더욱 새로워진 부분, 온전해진 부분, 감사한 부분들을 가지고, 함께 찬양과 감사의 예배를 드리십시오.

5 과제: 다음 모임에서 나눌 "그리스도인의 삶의 핵심 요소"를 읽고, 나눔 질문에 각자의 생각과 마음을 기록해 보십시오.

그리스도인의 삶의 핵심 요소

예수님을 받아들이고 하나님을 믿게 된 다음, 어떻게 하면 영적 성장의 초기 단계를 잘 보낼 수 있을까요? 물론 혼자 시행착오를 겪으면서 이리 부딪히고 저리 부딪히면서도 지날 수 있습니다만, 이미 영적 여행의 초기 단계를 아주 건강하게 지난 사람이 잘 안내해 주면, 그 시기를 근사하게 후회 없이 지나갈 수 있을 것입니다. 특별히 기초를 잘 놓는 일의 중요성은 더 강조할 필요가 없을 것 같습니다. 그러므로 기초를 놓는 이 초기 단계에 이미 그 시기를 잘 지나간 분의 인도를 받는 것은 굉장히 소중한 경험이고, 또 그 단계를 지나간 사람들이 그들을 잘 돕는 것은 참 귀한 일이 아닐 수 없습니다. 그 사람의 영적 삶 전체에 지대한 영향을 끼치게 되는 아주 중요한 일이 될 수 있을 것입니다.

그런 면에서 이끄미들은, 그리스도인의 삶의 본질적인 면을 다시 한 번 깊이 생각할 필요가 있습니다. 마태복음에 나오는 예수님의 다섯 개의 가르침 중 첫 번째 가르침인 산상수훈의 결론 부분과 두 번째 가르침의 서론 부분을 보면, 다른 이야기를 하는 것 같지만 굉장히 중요한 같은 이야기를 하고 있습니다. 우리가 영적으로 성장해 나갈 때 무엇이 정말 중요한지, 무엇을 놓치면 안 되는지가 그 부분에 나와 있습니다.

예수님의 가르침의 결론과 서론

산상수훈의 결론

예수님은 산상수훈의 결론 부분에서 이렇게 말씀하십니다.

> "그러므로 내 말을 듣고 그대로 행하는 사람은 반석 위에다 자기
> 집을 지은 슬기로운 사람과 같다고 할 것이다. 비가 내리고 홍수
> 가 나고 바람이 불어서 그 집에 들이쳤지만 무너지지 않았다. 그
> 집을 반석 위에 세웠기 때문이다. 그러나 나의 이 말을 듣고서도
> 그대로 행하지 않는 사람은 모래 위에 자기 집을 지은 어리석은
> 사람과 같다고 할 것이다. 비가 내리고 홍수가 나고 바람이 불어
> 서 그 집에 들이치니 무너졌다. 그리고 그 무너짐이 엄청났다"(마
> 태복음 7:24-27).

팔레스타인 지역의 강은 한강이나 시냇물처럼 늘 흐르지 않습니다. 건기
와 우기가 있는 지역에서는 그런 강을 간헐천이라고 부릅니다. 가끔씩 천이
생기는 것이지요. 평상시에 그곳은 평평한 모래땅입니다. 이런 평평한 모래
땅은 기초를 쌓거나 파기도 쉽고, 집짓기가 쉽습니다. 그리고 평상시에는 아
무 문제도 없습니다. 그런데 우기가 되면 갑자기 비가 오고, 물이 모여 강이
생깁니다. 홍수가 올 거라는 생각은 하지 않고 집을 지었는데, 어느 날 갑자
기 비가 오고 홍수가 나서 간헐천이 생겨 집이 무너지게 되는 것이지요. 팔
레스타인 지역에 사는 사람들은 예수님의 이 말씀을 너무나 잘 이해했을 것
입니다. '바보지, 누가 그렇게 해? 평평하고 집짓기 좋다고 누가 모래에다 지
어?' 그리고 더 높은 지역에 있는 암반을 떠올렸을 것입니다. 암반 위에 집을
짓는 것은 조금 더 어렵죠. 기초를 만들기도 어렵고 좀 힘들지만, 지혜로운
사람들은 거기다 집을 짓지 모랫바닥에 짓지는 않을 것입니다.

그런데 예수님은 그런 두 사람을 비교하시면서 그리스도인의 삶에서 가장

핵심적인 요소 두 가지를 이야기하십니다. 바로 "내 말을 듣고 행하는" 것입니다. 즉 듣는 것과 행하는 것입니다. 물론 예수님은 이미 산상수훈을 통해서 말씀을 가르치셨기 때문에 사람들이 들었음을 전제하고 계십니다. 그래서 그 말씀을 잘 들었다면 그 내용대로 살아야 한다고, 그것이 그 가르침을 제대로 받아들이는 자세라고 말씀하십니다.

그런데 불행하게도 많은 사람들이 이 '듣는' 것에 대해 조금 오해를 합니다. 듣는 것을 단순하게 그냥 귀를 열어서 듣고 있는 것 정도로 생각하곤 합니다. 그러나 곧 살펴볼 마태복음 13장 말씀을 통해서도 알 수 있듯이, '듣는 것'이란 마음속 깊이 받아들여서 이해하는 것을 뜻합니다. 단순히 어떤 정보를 아는 것 정도가 아닙니다. 마음에 그 진리가 각인되는 것, 그 진리를 내면화하는 것이 진리를 듣는 행위입니다. 이렇게 진리를 듣게 되면 어떤 일이 생길까요? 당연히 삶으로 나옵니다. 진리를 행하게 됩니다. 그러므로 '듣기만 하고 행하지 않았다'는 것은 진리를 정보로 받아들인 것이지, 그것을 자기 마음에 받아들인 것은 아니라고 할 수 있습니다.

그 다음은 '행하는 것'인데요. 이 행하는 것에 대해서도 사람들이 오해를 하곤 합니다. 많은 사람들이 예수님의 가르침을 윤리적인 가르침으로 생각합니다. 오른뺨을 맞으면 왼뺨을 돌려대라든가, 원수를 사랑하라는 등의 예수님의 명령에 순종하는 것이 '행하는 것'이라고 생각합니다. 그러나 그렇지 않습니다. 예수님은 어떤 윤리적인 규례를 가르치신 분이 아닙니다. 우리 인간에게 필요한 진리를 가르쳐 주시고 그 진리에 따라서 사는 것과 관련하여 구체적인 예를 들어 주신 것이지, 우리 인간이 지켜야 할 율법을 가르치신 것이 아닙니다.

그러므로 여기서 '행하는 것'은 어떤 윤리적인 가르침을 따라서 거짓말하지 않고 살인하지 말라는 뜻이 아니라, 예수님이 가르치신 진리를 마음에 품고 그것에 따라 살아가라는 뜻입니다. 그것은 진리를 따라 살아가는 것, 살아내는 것을 뜻합니다. 산상수훈의 주제는 하나님나라 백성의 삶입니다. 예수님은 하나님나라의 백성이 어떻게 살아야 하는지 가르치시고 나서, 다 들었다면 이제 그대로 살아야 한다고 말씀하십니다. 그렇지 않으면, 듣기만 하고 살지 않으면, 모래 위에 집을 지어서 행복하게 사는 척하다가 비가 오면 휩쓸려 가는 그런 어리석은 자와 똑같다고 말씀하십니다.

하나님나라 비유의 서론

두 번째는 씨 뿌리는 자의 비유입니다. 마태복음 13장에 이 비유가 나오는데요. 여기서는 예수님이 비유를 이야기하신 다음 그 비유를 해설하시는 부분을 살펴보겠습니다.

> "너희는 이제 씨를 뿌리는 사람의 비유가 무슨 뜻을 지녔는지를 들어라. 누구든지 하늘 나라를 두고 하는 말씀을 듣고도 깨닫지 못하면, 악한 자가 와서 그 마음에 뿌려진 것을 빼앗아 간다. 길가에 뿌린 씨는 그런 사람을 두고 하는 말이다. 또 돌짝밭에 뿌린 씨는 이런 사람이다. 그는 말씀을 듣고 곧 기쁘게 받아들이기는 하지만 그 속에 뿌리가 없어서 오래 가지 못하고, 말씀 때문에 환난이나 박해가 일어나면 곧 걸려 넘어진다. 또 가시덤불 속에 뿌린 씨는 이런 사람이다. 그는 말씀을 듣기는 하지만 세상의 염려와 재물의 유혹이 말씀을 막아 열매를 맺지 못한다"(마 13:18-22).

예수님은 길가, 돌짝밭, 가시덤불, 이렇게 세 가지 밭을 이야기하십니다. 이 모든 밭의 특징이 무엇인가요? 씨앗이 뿌려졌다는 것입니다. 모두 말씀을 듣습니다. 앞에서 본 마태복음 7장 말씀과 똑같습니다. 모두 듣긴 들었습니다. 그런데 길가에 떨어진 씨의 경우 새가 와서 물어갑니다. 오른쪽 귀로 들었다가 왼쪽 귀로 나가 버린 것이죠. 이는 제대로 듣지도 않은 것입니다. 반면 돌짝밭이나 가시덤불, 또 좋은 땅에 떨어진 씨로 표현되는 사람들은, 처음 가르침을 들었을 때 모두 좋아합니다. 감동도 받습니다. 그러나 돌짝밭과 가시덤불에 떨어진 씨와 좋은 땅에 떨어진 씨는 차이가 있습니다. 돌짝밭에 떨어진 씨의 경우, 박해가 다가올 때 그 가르침을 포기해 버립니다. 또 가시덤불에 떨어진 씨의 경우도, 세상의 유혹에 부딪혀 따르려 했던 가르침을 버립니다.

예수님은 여기서 마태복음 7장에서 가르치셨던 바를 발전시키시는 것 같습니다. 7장에서는 '듣고 행하는' 자에 대해서만 이야기하시다가, 이제 그것을 조금 더 세분화하여 설명해 주고 계십니다. 이는 지난 2천 년 동안 우리 그리스도인들에게도 굉장히 중요한 경고가 되었습니다. 예수님은 이렇게 말씀하고 계십니다. "너희가 나의 진리를 들을 때 기쁜 마음으로 받을 것이다. 기쁘게 동의할 것이다. 그런데 그것으로 끝나는 게 아니다. 그 다음 너희에게 두 가지가 다가올 것이다. 하나는 어려움이나 박해이고, 또 하나는 염려나 유혹이다. 그때 이 두 가지에 밀려서 가르침을 포기하면 아무 소용도 없다."

듣는 것은 참으로 중요합니다. 그러나 듣고 동의하고 마음의 감동을 받았다고 해서 그것이 내 것이 되는 것은 아닙니다. 살아내는 것이 필요합니다. 박해가 있고 어려움이 있고 유혹이 다가오고 염려가 밀려오는 그런 세상에서 우리가 받은 가르침을 살아내는 것이 중요합니다. 예수님은 마지막으로 가장 좋은 예를 통해 그것을 조금 더 명확하게 설명해 주십니다.

> "그런데 좋은 땅에 뿌린 씨는 말씀을 듣고서 깨닫는 사람을 두고 하는 말인데, 이 사람이야말로 열매를 맺되, 백 배 혹은 육십 배 혹은 삼십 배의 결실을 낸다"(마태복음 13:23).

같은 비유가 담긴 누가복음에서는 이렇게 설명하십니다.

> "그리고 좋은 땅에 떨어진 것들은 바르고 착한 마음으로 말씀을 듣고서 그것을 굳게 간직하여 견디는 가운데 열매를 맺는 사람들이다"(누가복음 8:15).

마태복음의 "말씀을 듣고 깨닫는" 사람이, 누가복음에서는 "바르고 착한 마음으로 말씀을 듣는" 사람으로 풀어 설명됩니다. 그리그 그 다음 그 사람은 "그것을 굳게 간직하여 견디는 가운데 열매를 맺는다"고 합니다. 이 일은 삶의 현장에서 일어납니다. 예수님은 산상수훈의 결론 부분과 하나님나라 비유의 서론 부분에서 같은 이야기를 하고 계십니다. 말씀을 제대로 듣고 살아내라고 말입니다.

그리스도인의 삶의 두 가지 요소

그리스도인의 삶에는 두 가지 요소가 있습니다. 듣는 것과 살아내는 것이 그것입니다.

기독교는 어떤 체험을 추구하는 종교가 아닙니다. 기독교는 진리를 추구하는 종교입니다. 그래서 예수님이 이 땅에 오셔서 하나님나라에 대해 끊임없이 가르치셨습니다. 그러니 진리를 제대로 이해하는 것, 듣는 행위, 진리를 추구하는 것이 기독교의 출발점입니다.

이 마태복음 본문들에서는 상대적으로 듣는 것에 대한 강조가 덜 되어 있습니다만, 오늘날 그리스도인들에게 정말 중요한 부분이 듣는 것입니다. 적당히 알면 적당한 믿음을 가질 수밖에 없습니다. 우리는 예수님의 가르침에 정말 주의를 기울여야 합니다. 기독교는 우리가 진리를 보호하는 것이 아니기 때문입니다. 우리가 진리를 지키지도 않습니다. 기독교는 진리가 우리를 이끌어 가는 것입니다. 진리를 모르면 누릴 것도 없고 즐길 것도 없고 살아낼 것도 없습니다. 그러므로 우리에게 정말 중요한 것은 진리를 깊이 알아가는 것입니다. 이것이 첫 번째 요소입니다.

예수님은 이 마태복음 본문들에서 두 번째 요소를 강조하십니다. 잘 들었다면 들은 것 가지고 살아내야 한다고 말씀하십니다. 잘 간직하고 견디고 그래서 열매를 맺을 수 있을 때까지 살아내야 한다고 말씀하십니다. 그리고 그렇게 살아내게 될 때 그 결과로 누구에겐가 선한 영향력을 끼칩니다. 30배 60배 100배의 열매를 거둔다는 말은, 그 씨앗이 다시 또 뿌려져서 또 다른 씨앗을 내게 만든다는 것입니다. 나 혼자 많은 열매를 거두는 것으로 끝나는 것이 아니라 그 말씀이 재생산됩니다. 이 예수님의 진리를 잘 듣고 잘 살아 내면 내 삶이 변하는 것으로 끝나는 것이 아니라, 반드시 내가 변한 것처럼 다른 사람들도 변하게 되는 일이 일어납니다. 하나님은 이 일에 우리를 부르 십니다.

그러므로 우리가 어떤 사람들보다 뛰어나서 이끄미가 되는 것이 아닙니다. 단지 그 사람들보다 먼저 부르심을 받아 말씀을 듣고 말씀을 가지고 살아내는 연습을 조금 해 보면서 열매가 조금 생겼을 뿐입니다. 그래서 그 열매를 나누는 것입니다. 그 사람들도 열매를 맺을 수 있도록 도와주는 것입니다.

그렇다면《풍성한 삶의 첫걸음》을 인도할 때 이끄미가 첫 번째로 해야 할 것은 이끄미 자신이 하나님의 진리를 이해하는 것입니다. 그리고 이해한 만큼 따르미를 도와주는 것입니다. 두 번째는 이해한 진리를 살아내는 것입니다. 그리고 따르미 역시 진리를 살아낼 수 있도록 도와주는 것입니다. 그러면 이제 하나씩 살펴봅시다.

하나님의 진리 이해하기

이끄미는 먼저 하나님의 진리를 이해하는 일에 집중해야 합니다. 이 '하나님의 진리'란 무엇입니까? 그것은 바로 하나님나라 복음입니다. 이는 세상을 보는 새로운 세계관입니다. 하나님이 이 세상을 다스리고 계시고, 이미 인간의 역사 속에 개입하셔서 일하고 계시며, 언젠가 악을 심판하실 것이라는 새로운 세계관입니다. 하나님이 예수 그리스도를 통해서 이 땅에서 하나님나라를 시작하셨고, 또 그것을 완성해 가신다는 것입니다. 그 진리 안에 하나님의 창조, 죄 문제, 죄를 극복하신 하나님, 예수 그리스도의 십자가 죽음의 의미, 예수님을 받아들일 때 우리가 살게 되는 새로운 삶 등의 내용이 들어 있습니다.

이끄미들은 이런 가장 핵심적인 진리에 대한 이해가 날이 갈수록 깊어져야 합니다. 이러한 진리를 잘 이해했느냐는, 그것을 자기 말로 표현할 수 있느냐로 알아볼 수 있습니다. 그러므로 다른 사람들을 가르치려 하기 전에, 스스로에게 '나는 이 진리를 정말 제대로 이해하고 있는가? 이 진리가 내면에서 심화되고 있는가?'라고 질문하십시오. 그리고 그 진리를 다시 읽고 묵상하십시오[참고 도서.《풍성한 삶으로의 초대》,《하나님 나라의 도전》,《풍성한 삶의 기초 워크북》부록1 "풍성한 삶? 풍성한 삶!"(이상 비아토르)].

우리는 아는 것만큼 다른 사람들을 안내할 수 있습니다. 이끄미가 믿고 있는 진리를 얼마나 깊이 이해하고 그것을 자기 것으로 만들었는가가 다른 사람을 돕는 데 큰 영향을 끼칩니다. 또 안내하는 일을 여러 번 해 본 사람과 처음 해 본 사람도 다릅니다. 여러 번 해 보는 것도 아주 중요합니다. 먼저 자기 것으로 만들고 또 여러 번 안내하고 가르쳐 볼 때, 따르미들을 더 잘 도울 수 있습니다.

그런데 따르미들을 도울 때 주의할 것이 있습니다. 행위에 집중하면 안 됩니다. "이제 QT 해야 해. 기도해야 해"라고 행위에 집중하게 하지 마십시오. 오히려 왜 그렇게밖에 할 수 없는지 진리를 자꾸 이야기해 주어야 합니다. "이제 성경 읽어야 해!"라고 말해 주는 것이 아니라, 성경이 하나님의 진리를 포함하고 있는 얼마나 놀라운 책인지 설명해 주어야 합니다. 헷갈리고 믿음이 흔들릴 때 "너는 구원받은 사람이야. 그렇게 믿어야 해"라고 이야기해 줄 것이 아니라, 하나님이 그를 위해 얼마나 놀라운 일을 행하셨는지 그 진리를 설명해 주어야 합니다. 행위가 아니라 그들이 믿어야 할 내용으로 따르미를 이끌고 가야 합니다. 이 일은 누가 잘 할 수 있겠습니까? 잘 이해한 사람만이 잘 할 수 있습니다.

사실 다른 사람을 이끌 때 그 따르미를 도와주는 것 같지만, 따르미보다는 이끄미가 더 복을 누리는 경우가 많습니다. 자신이 믿고 있는 진리를 더 깊이 알게 되고 그 진리가 좋아지는 일들이 일어나기 때문입니다. 이렇듯 첫 번째는 진리를 잘 이해하는 것입니다.

이해한 진리에 기초하여 살아내기

두 번째로 해야 할 것은, 진리를 이해하고 난 다음 그대로 살아내는 것입니다. 이 살아내는 것은 사실 습관과 관련이 있습니다. **인생은 그 사람의 습관 덩어리**입니다. 우리의 말하는 습관, 생각하는 습관, 어떤 결정을 내리는 습관 등을 모으면 그것이 우리 인생이라는 말입니다. 그렇다면 그리스도인의 삶은 하나님을 기반으로 한 새로운 세계관을 갖고 새로운 습관이 형성되어 가는 것이라고 말할 수 있습니다. 그러므로 그리스도인의 삶은 절대로 하루아침에 형성되지 않습니다. 오랫동안 쌓여 있던 습관들이 깨지고 내 속에 새로운 습관들이 만들어지면서 그리스도인으로 성장하는 것입니다.

그러므로 이끄미로서 첫 번째로, 따르미들이 진리를 잘 이해할 수 있게 도와주었다면, 두 번째로 그들이 새로운 습관을 형성할 수 있도록 도와주어야 합니다. 이 새로운 습관은 거룩한 습관이라고 말할 수 있습니다. 하나님이 원하시는 거룩한 습관, 다르게 말하면 새로운 삶의 방식으로 살 수 있도록 도와주는 것입니다.

출발점의 중요성: 회심

이를 위해서 첫 번째로 점검해야 할 것은 새로운 삶의 핵심인 회심입니다. 그리스도인의 삶은 "새로운 마음을 먹고 지금부터 열심히 삽시다!"라고 말한다고 되는 것이 아닙니다. 그리스도인의 삶은 회심으로 시작되지, 교육으로 되는 것이 아닙니다. 새로운 생명으로 태어나지 않은 사람을 교육한다고 해서 그리스도인이 되는 것이 아닙니다. 그러므로 먼저 새로운 생명으로 태어나는 이 출발점이 너무 중요합니다.

《풍성한 삶의 첫걸음》을 시작할 때 맨 처음 회심을 다루는 것이 이 때문입니다. 그런데 이 회심이라는 부분은 쉽지 않습니다. 사람의 회심은 정말 신비한 일이고, 이것은 정말 하나님께 달린 일입니다. 우리가 회심을 시킬 수는 없습니다. 그러나 회심했는지 회심하지 않았는지를 분별할 수는 있습니다. 또 건강한 회심을 할 수 있도록 도와주는 일은 할 수 있습니다. 따르미가 제대로 회심했는지 점검하고, 불완전한 부분이 있으면 그 불완전한 부분을 온전하게 보완해 주는 일이 필요합니다.

영적으로 어떤 사람을 도울 때 그 사람을 아무리 도와줘도 성장하지 않는 경우가 있는데, 그것은 회심하지 않았기 때문일 수 있습니다. 물론 성장하지 않는 것이 회심 때문만은 아닙니다. 성장하지 않는 사람을 보며 무조건 회심하지 않은 것 같다고 생각해서는 안 됩니다. 다른 이슈들도 있을 수 있죠. 그러나 가장 먼저 점검해야 하는 것은 회심입니다. 환자가 병원에 가서 제일 먼저 하는 것이 무엇인가요? 바로 혈압과 체온을 재는 것입니다. 이런 기본적인 검사를 하고 난 다음에 다른 검사들을 하게 됩니다. 회심했느냐의 여부가 바로 이런 검사와 같습니다. 어려운 부분이지만 우리는 먼저 이 부분에 신경을 써야 합니다.

영적 성장의 핵심: 하나님과의 인격적 관계

그렇다면 회심 후 일어나는 가장 큰 변화는 무엇일까요? 바로, 하나님과 인격적 관계를 맺는 것입니다. 하나님과 인격적 관계를 맺는다는 것은 무엇일까요? 이것에 대해서는 우리가 평생 알아가야 하지만, 가장 중요한 기본 개념이 있습니다.《풍성한 삶의 첫걸음》3-4과에서 이 내용을 다루고 있습니다.

하나님과 인격적 관계를 맺는 데는 두 가지 방법이 있는데요. 첫 번째가 하나님의 말씀을 듣는 것이고, 두 번째가 기도를 드리는 것입니다. 그런데 이 두 가지는 율법적 요구가 아니라 특권입니다. 그리스도인이 해야 할 의무가 아니라 그리스도인이 되어 누릴 수 있는 특권입니다. 이것이 특권임을 알려 주는 것이 가장 중요한 요소 중 하나라고 말해도 과언이 아닙니다. 의무로 가르치면 정죄 의식이 생깁니다. 신앙생활을 하면서 늘 하나님이 우리에 대해 만족하시지 못한다고 생각합니다. 그러나 기독교의 핵심 메시지가 하나님이 우리를 조건 없이 받으셨다는 것인데, 성경 읽지 않고 기도하지 않는다고 하나님이 우리를 미워하실까요?

성경 읽기와 기도는 우리의 엄청난 특권입니다. 영적으로 어릴 때 그것을 가르쳐 줘야 합니다. 성경 읽기와 기도는 억지로 하는 것이 아님을 알려 주어야 합니다. 이것이 얼마나 놀라운 복인가를 알려 주는 것, 그것이 영적 성장의 핵심입니다. 그래서 5-7과에서는 성경을 읽고 기도하는 구체적인 방법을 다룹니다.

영적 성장의 중요한 환경: 공동체

이런 영적 성장이 일어나기 위해서 꼭 필요한 것이 있다면 그것은 공동체입니다. 따르미들에게 영적 성장이 일어나는 환경이 공동체임을 알려 주어야 합니다. 교회에 대한 모든 이야기를 할 수는 없으므로, 초기에 영적 성장에 필요한 공동체적 요소만 가르치면 됩니다. 그리고 그 공동체 속에서 일하시는 성령님에 대해서 같이 소개해 주십시오. 《풍성한 삶의 첫걸음》 7-8과에서 이 내용을 다룹니다.

여기까지 하면 일단 영적으로 성장할 수 있는 기본 요소들을 갖추게 됩니다. 회심했고, 하나님과의 인격적인 관계가 무엇인지 어렴풋이 알게 되었고, 인격적 관계를 맺을 수 있는 말씀과 기도의 삶을 시작했고, 말씀과 기도의 삶을 살 수 있는 공동체라는 환경이 생겼고, 그리고 그 모든 것을 주관하시는 성령님에 대해서 점점 눈을 뜨기 시작함으로써, 초기에 성장할 수 있는 아주 중요한 요소들이 갖춰진 것입니다.

첫걸음을 선명하게 하는 방법: 나눔과 선언

그리고 나면 우리가 해야 할 일은, 이 첫걸음을 선명하게 해주는 것입니다.

그것은 그 사람이 자신의 믿음에 대해 간증을 하고, 다른 사람과 나누도록 도와주는 것입니다. 사람들은 보통, 자기가 누린 것을 이야기함으로써 기쁨이 배가 되고, 그런 나눔을 통해 자신이 깨달은 진리가 더 선명해지는 경향이 있습니다. 그러므로 이제 막 예수를 믿은 사람들을 도와줄 수 있는 최선의 방법은, 부족해도 그들이 믿은 내용을 나누게 하는 것입니다. 완전하지 않아도, 더듬더듬 이야기하더라도 이야기하게 해주는 것입니다. 그렇게 이야기하다 보면 성령께서 도와주셔서 그 내용이 점점 그 사람 속으로 침투하게 됩니다. 그리고 난 다음에 이 첫걸음을 가장 확실하게 만드는 방법이 세례입니다. 공동체 앞에서 하나님 앞에서 자기의 믿음을 증언하는 것이 세례입니다. 그것이 9-10과에 나와 있는 내용입니다.

이끄미 자신의 삶

이렇듯 따르미들이 거룩한 습관을 갖도록 도와주는 것이 이끄미의 역할이라면, 이끄미들에게 제일 중요한 것은 무엇일까요? 이끄미가 그렇게 살아가는 것입니다. 이끄미가 하나님과의 인격적 관계를 누리지 않으면서 따르미에게 "일주일에 QT 네 번은 해야 해"라고 이야기하는 경우가 있는데요. 아마 하나님과의 인격적 관계를 누리고 있는 사람들은 이렇게 물어 볼 것입니다. "지난주에 하나님 앞에 나가서 찬양하고 말씀을 읽고 또 예배 시간에 설교를 들으면서 어떤 걸 깨달았어? QT 한 번밖에 못했다고? 괜찮아. 영적 성장이 좀 더디기는 하겠지만 한 번이라도 했다면 하나님이 너를 만나 주셨던 그때 어떤 기쁨을 누렸어?" 또 이렇게 이야기할 것입니다. "나는 지난주 설교를 들을 때, 하나님이 나에게 이런 말씀을 주시는 걸 깨달았어. 지난주에 기도할 때 하나님은 내가 이런 부분에서 새로운 결단을 내리게 하셨고, 내가 생각지 못했던 이런 것들을 열어 주셨어."

저는 저 자신이 그리스도를 닮은 것만큼 다른 사람이 그리스도를 닮을 수 있게 도와줄 수 있다고 생각합니다. 그러므로《풍성한 삶의 첫걸음》과 같은 교재로 다른 사람을 도울 때 정말 도움을 받는 사람은 우리 자신입니다. 영적 성장의 가장 본질적인 부분을 붙잡게 되니까요. 우리가 그 부분에서 진보가 일어나고 있는지 점검할 수 있으니까요. 우리가 하나님에 대해서 더 깊이 알지 못하고 그것을 누리지 못하고 있으면 누리는 방법에 대해서 잘 전달하지 못합니다. 내가 배운 것만큼 가르칠 수 있고 누린 만큼, 나에게 거룩한 습관이 된 것만큼, 다른 사람들에게 영향을 미칠 수 있습니다.

영적 성장을 돕는 이끄미의 거룩한 사명

영적 성장은 필연적입니다. 예수를 믿었는데 변하지 않았다는 것은, 무언가 잘못 믿은 겁니다. 예수님이 가르치신 진리를 받아들였는데 인생이 바뀌지 않는 것은 불가능합니다. 예수님이 가르치신 진리가 너무 탁월하기 때문에, 너무 놀랍기 때문에, 우리 인생의 변화는 필연적입니다.

그러려면 영적으로 성장해야 하는데 그 영적 성장을 누군가 도와줄 수 있습니다. 우리는 신앙생활의 초기에 영적으로 성장하는 사람의 길잡이가 될 수 있습니다. 그들의 안내자이자 이끄미가 될 수 있습니다. 이것은 세상에서 할 수 있는 가장 아름다운 일 중 하나가 될 것이라고 생각합니다. 저는 이 교재를 통해서 여러분들이 예수님을 처음 믿은, 또는 예수님을 오래 믿었지만 영적으로 성장하고 있지 않는 분들을 잘 도와줘서 이들이 초기부터 아주 건강하게 성장할 수 있도록, 또는 영적으로 다시 잘 성장할 수 있도록 돕는 일을 하시기를 바랍니다.

성경을 통해서 배운 것이기도 하지만, 교회를 세워 나가면서 임상을 통해서 구체적으로 깨달은 것이 있습니다. 하나님이 사람을 변화시키는 방법에는 두 가지 요소가 있다는 것입니다. 그리고 그 두 가지 요소를 꿰뚫는 아주 중요한 한 가지 힘이 있다는 것입니다.

두 가지 요소 중 첫 번째는 하나님의 진리입니다. 하나님의 진리가 없이 변화된 사람들은 그 변화가 피상적일 뿐만 아니라 또 반대쪽으로 바뀌어 버리기도 합니다. 그래서 하나님의 진리가 아주 중요합니다. 그런데 그 변화는 또한 그 진리로 변화된 사람을 통해서만 전해집니다. 두 번째 요소는 먼저 그 진리로 변화된 사람입니다. 하나님의 진리로 변화된 사람이 있으면, 그 사람 주변에 있는 사람들도 자꾸 변화되기 시작합니다. 그리고 이 두 요소를 꿰뚫고 지나가면서 사람을 변화시키는 원동력이 있습니다. 바로 성령님이십니다.

우리가 영적으로 어리고 부족해도 다른 사람들이 성장할 수 있도록 도울 수 있는 이유는 바로 이 요소들 때문입니다. 진리가 있기 때문이고, 그 진리로 내가 조금 변화되었기 때문이고, 그 진리와 조금이라도 변화되고 있는 사람을 통해서 성령께서 일하시기 때문입니다. 이것이 30배 60배 100배의 결실을 맺는 비결입니다.

나눔 질문

1 나의 신앙생활에 어떤 이끄미가 있었는지 이야기해 보십시오.

2 산상수훈의 결론과 하나님나라 비유의 서론에 나타난 공통점은 무엇이고, 그것이 나의 신앙생활에 도전하는 바는 무엇입니까?

3 이끄미로서 "행위에 집중하면 안 됩니다.…진리를 자꾸 이야기해 주어야 합니다"(p.71)라는 조언과 달리 진리보다 행위에 집중하는 이끄미나 교사, 설교자들의 예를 들어 보고, 나는 따르미가 어떻게 진리에 집중할 수 있도록 도울 수 있는지 이야기 나누어 보십시오.

4 진리에 기초하여 살아내는 데 중요한 요소들(회심, 말씀과 기도를 통한 인격적인 하나님과의 인격적인 교제, 하나님나라 백성의 공동체와 성령님, 간증과 증인의 삶) 중에서 나에게 최근 성장과 진보가 있는 부분이 있다면 어떤 것인지, 또 나에게 부족한 부분은 무엇인지 이야기 나누어 보십시오.

5 나의 따르미가 정해졌건 아니건, 그의 초기 영적 성장을 위하여 기도하십시오. 이끄미로서 이 거룩한 사명을 잘 감당하기 위해서 기도제목을 나누고 서로를 위해 일주일 동안 기도해 주십시오.

6 **과제**: 다음 모임에서 나눌 "하나님과의 인격적인 관계"를 읽고, 나눔 질문에 각자의 생각과 마음을 기록해 보십시오.

하나님과의
인격적인 관계

선배들에게서 여자들을 잘 꼬시는 비법 같은 것을 들어 본 적이 있습니까? 그런데 그 비법들은 대부분 엉터리입니다. 그들이 뭘 알고 있다고 생각하지만 사실은 본질을 놓쳐 버렸기 때문입니다. 인간관계에서 사람에게 매력을 느끼게 하는 길은 기술이 아니라 진정성에 있는데, 그 본질인 진정성을 놓치고 기술을 가르치니 엉터리일 수밖에 없습니다. 중심을 꿰뚫는 것은 굉장히 중요합니다. 중심을 잘못 꿰뚫고 있으면 아주 잘못된 영향을 주게 됩니다. 이런 것들이 어디 남녀 간의 교제에만 적용되겠습니까? 결혼할 때, 아이를 키울 때에도 잘못된 지식과 잘못된 경험을 기초로 놓고 그것이 중심이라고 생각하면, 잘 되지 못할 것입니다. 그래서 이 중심을 잘 잡는 것이 중요합니다. 기독교 신앙의 경우에도 앞서간 사람들이 그 중심을 잘 누리고 살아가면, 뒤따라오는 사람들도 굉장히 쉽게 그 중심을 알아갈 수 있습니다.

기독교 신앙의 고갱이(본질)

우리말에 중심, 본질을 뜻하는 '고갱이'라는 단어가 있습니다. 신앙생활을 막 시작하는 사람에게는 신앙의 언저리에 있는 것들이 아닌, 신앙의 고갱이, 즉 본질을 가르쳐야 합니다. 기독교 신앙의 고갱이가 무엇인지가, 《풍성한 삶의 첫걸음》의 중심 내용을 형성하고 있기 때문에, 여기서는 그 고갱이에 대한 이야기를 해 보려 합니다.

하나님의 독특성과 인간의 독특성

그 이야기를 하려면 먼저 우리가 믿고 있는 하나님이 독특한 하나님이시라
는 것을 확실히 이해하는 것이 필요합니다. 성경에서 이야기하는 하나님을
'인격적인 하나님'이라고 자주 말합니다. 그런데 사실 이 인격적인 하나님이
라는 표현은 선명하게 이해되지 못하는 경우가 많습니다. 하나님이 인격적
이라는 말은 어떤 의미일까요?

저는 프란시스 쉐퍼라는 기독교 변증가를 통해 이 하나님에 대해 선명하
게 깨달았습니다. 쉐퍼는 하나님을 '인격적이고 무한하신 하나님'이라고 표
현하며 하나님의 두 가지 성품을 이야기합니다. 다음의 도표를 보십시오.

무한하시고Infinite	—	인격적인Personal 하나님
(간격)		인간
인간		(간격)
동물		동물
나머지 피조세계		나머지 피조세계

하나님은 무한하신 하나님입니다. 하나님은 무에서 유를 창조하시는 분이
므로, 하나님은 무한하십니다. 반면 인간은 무언가를 만들어 내도 늘 유에서
유를 만들어 내지 무에서 유를 만들어 내지는 못하기 때문에, 인간은 늘 제
한적인 존재입니다. 하나님은 무한하신 분이고 우리는 제한적인 존재입니
다. 하나님의 무한성의 측면에서 볼 때 인간은 동물과 식물과 기계와 마찬가
지입니다. 인간, 동물, 식물, 기계, 이 모든 것이 유한합니다. 인간의 어떤 재
주로도 하나님께 다다를 수 없습니다. 사실, 우리가 이런 하나님의 광대하심
을 이해하는 것은 불가능합니다. 무의 개념은 이해할 수 없는 개념입니다.

그런데 이 광대한 하나님에게 또 하나의 성품이 있는데, 그것은 하나님이
인격적이시라는 것입니다. 무한의 개념에서는 인간을 포함한 나머지 피조

물, 즉 인간, 동물, 식물, 기계 전부 하나님과의 사이에 큰 간격이 있습니다. 그러나 인격적인 면에서는 하나님과 인간이 같은 범주에 들어가고, 나머지 동물, 식물, 기계와의 사이에 넘어설 수 없는 큰 간격이 있습니다. 하나님이 인간을 인격적으로 만드셨기 때문이라고, 쉐퍼는 설명합니다. 저는 그 설명이 정말 현대인들에게 꼭 필요한 설명이라고 생각합니다. 인간은 하나님과 관계 맺을 수 있는, 하나님을 알아가고, 사랑할 수 있는 인격성을 가졌다는 것입니다.

인문학자, 사회과학자, 심리학자, 진화 심리학자 등 온갖 학자들이 도대체 인간됨이란 무엇인가를 놓고 고민합니다. 그래서 인간의 독특성을 '놀이를 할 수 있다', '도구를 쓸 수 있다', '직립 보행을 한다', '생각을 할 줄 안다' 등으로 설명하지만, 성경적으로 이야기하면, 인간의 독특성은 하나님과 관계를 맺을 수 있다는 것입니다. 그래서 우리는 하나님과 사랑을 하게 될 때, 하나님과 관계를 맺게 될 때, 인간의 충만함, 삶의 의미 같은 것을 얻을 수 있다고 이야기합니다. 하나님과의 관계가 인간에게 본질입니다. 인간의 신체 부위로 이야기하자면, 심장만큼 우리 인간에게 중요한 것이 하나님과의 인격적인 관계라고 할 수 있습니다.

하나님과의 인격적인 관계

그런데 '하나님과의 인격적인 관계'라는 말은 오용되는 경우가 자주 있습니다. 그리스도인들이 서로 "당신은 하나님과 인격적인 관계를 맺고 있습니까?"라고 질문할 때, 그 질문의 밑바탕에 깔린 의미는 "하나님과 관련해서 뭔가 오감으로 느끼고 있습니까?", "하나님을 체험하고 있습니까?" 같은 것일 수 있습니다. 그러나 이는 그 의미를 잘못 사용한 것입니다.

왜냐하면 우리가 가지고 있는 오감은 동물도 가지고 있으니까요. 그러므로 동물도 가지고 있는 오감을 하나님과의 인격적 관계의 본질로 보는 것은 위험합니다. 그렇게 이야기하면, 하나님과의 인격적 관계를 오해할 수도 있고 기독교 신앙을 잘못된 방향으로 끌고 갈 수도 있습니다. 하나님과의 인격적 관계를 이야기할 때, 우리는 하나님의 무한성을 잊으면 안 됩니다. 하나님은 우리가 이해할 수도 없고, 느낄 수도 없고, 깨달을 수도 없는 분이십니다. 하나님을 가볍게 생각하면 안 됩니다. 하나님은 우리가 상상할 수도 없이 크신 분입니다.

따라서 우리가 가장 먼저 생각할 것은 하나님과의 인격적 관계는 **하나님의 은혜** 때문에 가능하다는 것입니다. 하나님이 하나님과 인격적 관계를 맺을 자격도 없고 능력도 없는 우리를 먼저 찾아오신 것에서, 하나님과의 인격적 관계가 시작됩니다. 이것이 그 관계의 근거이자 기초입니다.

하나님이 먼저 위로부터 우리에게 내려오신 '하향성'이 시작입니다. 하나님은 우리가 모호하게 더듬어 하나님을 알게 하신 것이 아니라, 특별 계시를 통해서 자신을 드러내셨습니다. 특별 계시는 성경과 그리스도를 통해 하나님 자신을 드러내신 것을 말합니다. 하나님은 먼저 우리에게 내려오신 예수 그리스도를 통해서 하나님과 관계를 맺을 수 있는 길을 열어 주셨습니다. 예수 그리스도를 통해서 하나님의 뜻과 하나님이 어떤 분이신지 알아갈 수 있는 길을 열어 주셨습니다. 이러한 은혜의 우선성 때문에, 우리의 반응이라는 '상향성'이 생겨납니다. 우리의 기도와 예배는 철저하게 위에서 내려오는 은혜에 반응하는 것입니다.

그러므로 하나님과의 인격적 관계는 우리가 무엇인가를 느끼는 것이 아니라, 하나님이 성경을 통해 "나는 이런 존재다. 나는 너희를 위해서 이런 것을 했다"고 보여 주신 것에 대해 진심으로 "정말 그렇습니다"라고 받아들이는 것입니다. 그 하나님이 우리에게 주신 은혜에 기초해서, 하나님이 우리를 위해서 행하신 이 놀라운 일에 기초해서, 믿음으로 "네, 그렇습니다"라고 반응하는 것입니다.

하나님이 우리와 함께 계신다는 '느낌'은 강하지 않을 수 있습니다. 그러나 그렇게 느낌이 없다면 하나님과의 인격적 관계가 없는 것일까요? 그렇지 않습니다. 느낌이나 체험은 기독교의 본질이 아닙니다. 하나님이 우리와 함께 하시겠다는 것은 '약속'입니다. 우리같이 부족하고 형편없는 사람들과 하나님이 함께 하시는 이유는, 그리스도의 십자가 사건 때문입니다. 하나님이 하신 일과 약속 때문입니다. 우리는 "하나님이 나와 함께 계십니다. 하나님이 내 기도를 들으십니다. 나의 예배를 기뻐 받으십니다"라고 고백하고 기도하고 예배드리면 됩니다. 그렇게 예배하는 행위가 인격적이라는 것입니다. 하나님이 말씀하시고 우리에게 보여 주신 것을 정말 전인격적으로 수용하고 거기에 기초해서 반응할 때 인격적 관계가 생깁니다.

느낌은 그 이후에 따라올 수 있는, 하나님이 우리에게 주시는 선물입니다. 체험은 있을 수도 있고 없을 수도 있습니다. 물론 체험이 있으면 훨씬 풍성합니다. 그러나 체험은 우리가 그것을 추구할 때가 아니라, 하나님이 우리에게 보여 주신 진리에 기초해서 그것을 믿음으로 받아들일 때 건강한 체험이 나오게 됩니다.

여기서 아주 중요한 것이 바로 **믿음**입니다. 믿음은 하나님이 우리를 위해서 행하신 일들을 전인격적으로 수용하는 것입니다. 믿음은 지적인 동의와는 다릅니다. 예를 들어, 전 세계 사람이 지적으로 동의하는 사실들이 있는 것 같습니다. '운동을 하면 건강해진다' 같은 것이죠. 이 말을 안 믿는 사람이 있을까요? 그러나 이 말을 믿는다고 해서, 이 말에 지적 동의를 한다고 해서 사람이 바뀌지는 않습니다. 그 말을 진짜 믿는 사람은 어떻게 할까요? 나가서 운동을 합니다. 시간을 쪼개어 운동을 할 겁니다. 진짜 믿으면 거기에 따른 반응도 나올 수밖에 없습니다.

하나님에 대한 부정적인 이미지를 가지고 있는 사람들이 많습니다. 아니 대부분의 사람은 하나님을 어느 정도 오해하고 있습니다. 그래서 하나님을 알아가는 것은 하나님에 대한 오해가 이해로 바뀌어 나가는 과정이라고 할 수 있습니다. 하나님을 제대로 이해하고 그럼으로써 나의 반응이 바뀌고 그러면서 우리의 신앙이 성장해 나가는 것이죠.

그러므로 이끄미가 하나님과의 인격적 관계를 어떻게 누리고 있느냐가 굉장히 중요합니다. 이끄미가 하나님이 보여 주신 진리를 전인격적으로 받아들여 그 진리에 기초해서 살아가려 하는 모습을 보일 때, 하나님께 순결하게 반응하려고 하는 모습을 보일 때, 따르미들은 '아! 기독교 신앙은 뭔가 다르구나. 느낌이나 체험을 추구하는 것이 아니구나. 체험은 따라오는 거구나' 하고 생각하게 됩니다. 이끄미가 느낌이 하나도 없는데도 하나님을 예배하는 모습을 보일 때, 따르미들은 '아! 이게 예배구나. 하고 싶을 때나 기분 좋을 때에만 예배드리는 게 아니구나' 하고 깨닫게 됩니다. 따라서 이끄미가 먼저 이것을 누리는 것이 참으로 중요합니다.

하나님과의 인격적인 관계의 시작: 회심

이러한 하나님과의 인격적인 관계는 '회심'으로 시작됩니다. 회심이 선명하지 않으면 영적 성장이 불가능합니다. 아이가 태어나지 않으면 클 수 없는 것처럼, 거듭나지 않으면 성장할 수 없습니다.

그런데 회심은 성령께서 하시는 일이어서 정말 신비한 현상입니다. 우리가 복음을 전해서 사람들이 예수님을 영접하지만, 그때 회심하는 경우는 많지 않은 것 같습니다. 회심이 막 시작되기는 하지만 그것을 회심이라고 보기는 어려운 것 같습니다. 오히려 그렇게 영접한 사람들이 세례 교육을 받으면서 회심이 완결되는 경우가 적지 않습니다. 우리가 회심의 시점을 정확하게 알 수는 없지만, 회심은 분명한 영적 실재입니다. 그래서 우리가 회심에 대해 함부로 말하면 안 되지만, 그것에 대해 어떤 신비감을 가지고 있을 수밖에 없지만, 회심이 진정성 있는가 없는가를 분별할 수 있는 지혜를 계속 배워야 합니다.

의사들이 환자를 진단할 때 통밥으로 한다는 것을 아십니까? 하지만 그것은 교육받은 통밥입니다. 돌팔이 의사는 그냥 통밥으로 진단하겠지만, 명의는 충분한 교육과 충분한 사례를 가진 통밥으로 진단을 내립니다. 그러니 그들의 통밥은 굉장히 정확합니다.

우리도 이러한 영적 통밥을 키우는 것이 필요합니다. 회심한 사람에게는 일반적으로 세 가지 증상이 나타납니다. 보통 3B로 표현하는데요. 첫 번째는 **믿음**(Belief)입니다. 먼저 기독교를 지적으로 진짜 이해했느냐가 중요합니다.

그래서 그 믿음을 제대로 이해하고 있는지, 모든 내용을 다 이해하지는 못하더라도 하나님을 믿을 만큼은 정돈되어 있는지 점검해야 합니다.

두 번째는 **변화**(Behavior)입니다. 믿음이 진짜라면 그 사람의 행동에서 변화가 생깁니다. 그런데 그러한 행동의 변화는 그 시점부터 시작해서 죽을 때까지 계속될 것이기 때문에 그 완전성을 볼 것이 아니라, 싹이 났는지를 봐야 합니다. 그 사람에게 하나님을 사랑하고 싶은 마음이 생겼는지, 하나님을 알아가고 싶은 마음이 생겨나고 있는지, 하나님과 함께 살고 싶은 마음이 점점 생기는지, 그래서 뭔가 약간의 변화가 생겨나는지 봐야 합니다. 고백을 했다고 해서 회심했다고 여기면 안 됩니다. 예수님이 자신의 주인이라고 말하면서, 하나님을 향한 아무런 갈망이 없다면, 자신이 주인인 삶의 영역들 때문에 안타까워하는 마음이 전혀 없다면, 그 사람이 회심했다고 볼 수 있을까요?

세 번째는 **공동체**(Belonging)입니다. 그 회심을 안전하게 해주는 것이 공동체에 속하는 것입니다. 영적인 성장은 태어난 이후 영적 아이에서 영적 청년, 영적 부모로 이어지는데, 이런 환경이 아니면 영적 아이를 돌봐줄 사람이 없습니다. 한국의 많은 그리스도인들이 영적으로 태어나서 길가에 버려지곤 합니다. 많은 사람들이 예수님을 영접한 이들을 축하해 준 다음에 길가에 버리는 것이죠. 아무도 그 사람을 돌보지 않는 것이죠. 그렇게 하면 안 됩니다. 공동체가 그 사람들을 품고 온전해질 때까지 도와줘야 합니다.

그런데 또 우리가 기억해야 할 것이 있습니다. 회심에는 '즉각적' 회심과 '점진적' 회심이 있다는 것입니다. 즉각적 회심은 바울과 같이 어느 한순간에 확 변화되는 경우입니다. 반면 점진적 회심은 언제 변화되었는지 모르지만 일정 기간이 지나고 나니 예수님을 자신의 주인으로 받아들여서 부인할 수 없는 그런 경우들입니다. 제가 보기에는, 30퍼센트가 즉각적 회심을 하고 나머지 70퍼센트 정도가 점진적 회심을 하는 것 같습니다. 예수님의 열두 제자도 전부 점진적 회심을 한 사람들입니다.

이들에게는 장단점이 있습니다. 점진적 회심을 한 사람들은 대부분 회심이 안정적입니다. 단점은 어떤 분명한 체험이 없기 때문에, 체험이 선명하지 않기 때문에 회심을 자꾸 의심하게 된다는 것입니다. 즉각적 회심을 한 사람의 장점은 강렬한 체험이 있다는 것인데요. 단점은 그러한 한 번의 체험을 통해서 하나님을 알았기 때문에 그 다음에도 그런 종류의 극단적 체험을 자꾸 추구한다는 것입니다.

이것은 신학적 견해라기보다는 임상을 통해서 얻은 견해인데요. 제가 보기에는 점진적 회심을 하느냐, 즉각적 회심을 하느냐는 그 사람의 성격과 관련이 있는 것 같습니다. 어쨌든 핵심은, 회심이 일어나는 방식에는 다양성이 있고 장단점이 있다는 것을 이해하고, 자신의 경험을 가지고 회심하는 사람을 강요해서는 안 된다는 것입니다. 회심은 하나님이 하시는 일입니다. 그러나 '회심하지 않은 것 같다'는 생각이 들 경우에는, 그 사람의 회심을 붙들고 같이 더 씨름해야 합니다. 정말 머리로도 이해를 제대로 못했다면 이해할 수 있도록 도와줘야 하고, 머리로 이해했다면 진심으로 마음으로 받아들였는지 같이 이야기하고, 공동체가 그 사람을 품고 있는지 점검해 주어야 합니다. 회심은 하나님과의 인격적 관계의 고갱이입니다.

하나님과의 인격적인 관계의 실제

말씀의 우선성

인격적인 관계의 실제에서 중요한 것은 먼저 말씀의 우선성입니다. 이는 은혜가 중요하기 때문입니다. 하나님을 알아야 반응을 할 수 있기 때문입니다. 말씀을 통해서 하나님을 알아가는 것이 우리 신앙생활의 핵심입니다. 이끄미들은 말씀을 대하는 두 가지 방법이 있음을 어린 신자들에게 알려 주어야 합니다.

그 한 가지는 '다독'입니다. 이는 성경을 쭉 읽어 내려가는 것입니다. 이때 쉬운 성경이나 새번역같이 이해하기 쉬운 성경을 읽는 것이 좋습니다. 성경은 하나님이 인간의 역사 속에 들어오셔서 일하신 다양한 모습을 기록하고 있습니다. 우리는 다독을 통해서 주마간산 격으로 큰 그림을 볼 수 있습니다. 하나님이 어떤 분이신지, 성경에 어떤 이야기들이 담겨 있는지를 대략적으로 알 수 있습니다.

어떤 숲을 탐험한다고 해 봅시다. 그 숲에 들어가기 전에 숲 전체의 지도를 보고 들어가는 것과, 지도가 없이 그냥 숲으로 들어가서 탐험하는 것이 비교가 되겠습니까? 등산을 할 때는 어떤가요? 산에 오르기 전에 먼저 산길을 확인하지 않으시나요? 또 요즘은 산을 오르면서 이정표를 사진으로 찍어 놓기도 하죠. 이 모든 과정이 숲을 탐험하는 데, 산을 오르는 데 도움이 되기 때문입니다. 다독은 우리에게 그러한 유익을 줍니다. 하나님에 대한 큰 그림을 가질 수 있게 도와줍니다.

그러나 다독만으로는 충분하지 않습니다. 그러면 산을 충분히 즐기지 못합니다. 멀리서 산만 보는 것과 비슷하니까요. 두 번째로 말씀을 대하는 방법은 '묵상'입니다. 산을 즐기려면 산 속으로 들어가서 걸어야 합니다. 이것이 묵상입니다. 묵상은 성경의 어느 한 부분을 깊이 보는 것입니다. 이는 실제 상황 속에서 일하시는 하나님에 대한 자세한 이해입니다.

어떤 한 사건, 어떤 한 문단을 집중해서 보는 이유는 그 사건 하나가 독립적인 성격을 가지고 있기 때문입니다. 그래서 그 사건 안에서 하나님이 무엇을 하셨는지 보는 것입니다. 전체 그림이 아니고 그 한 부분, 등산을 하다가 나무 하나를 보는 것입니다. 그냥 나무 하나를 보면서 '참 잘 생겼네'라고 생각하는 것입니다. 어떤 바위를 보면서 '저 바위는 호연지기가 느껴지네'라고 느끼는 것입니다. 그것들을 즐기는 것입니다. 물론 산은 바위로만 되어 있는 것도 아니고 나무 하나로만 되어 있는 것도 아닙니다. 그렇지만 그날 그 순간에는 그것만 보는 것입니다. 묵상을 할 때에는 하나님의 한 면만 부각해서 볼 수밖에 없습니다. 모든 것이 다 보이지는 않습니다. 그러나 묵상을 많이 하다 보면, 다면적이라고 말하기도 어려울 정도로, 예측할 수 없을 정도로 다양한 얼굴을 가지신 하나님을 만나게 됩니다. '아, 하나님에게 이런 면도 있구나. 아, 내가 생각했던 하나님과 다르구나'라는 깨달음이 묵상을 통해서 가능합니다.

하나님을 알아갈 때 이 두 가지 요소는 매우 중요합니다. 다독과 묵상 이 두 가지를 계속 함께 해야 합니다. 그래서 대부분의 그리스도인은 1년에 한 번 정도 성경을 통독하고 매일 20-30분 정도 묵상을 합니다. 물론 통독을 할 때에는 처음부터 끝까지 쭉 다 읽지 않고 원하는 책부터 읽는 것도 괜찮습니다. 단, 이 두 가지가 필요함을, 말씀이 중요하고 우선성이 있음을 기억하십시오.

마지막으로 다시 한 번 언급하고 싶은 것은, 이 말씀 읽기가 특권이라는 것입니다. 신앙생활을 시작하는 이들에게 절대 이것을 의무로 가르치지 마십시오. 성경 읽기가 재미있어야 합니다. 심심하면 성경을 읽어야 합니다. 이렇게 말씀을 누리다 보면 어떻게 될까요? 당연히 알아가면 알아갈수록 반응을 하게 되죠. 우리의 기도가 깊어지는 것입니다.

기도의 특권

기도는 모든 종교의 영성을 표현해 줍니다. 기독교의 영성도 그리스도인의 기도에서 나타납니다. 그런데 말씀의 우선성, 은혜의 우선성을 놓쳐 버린 사람들의 기도는 샤머니즘의 기도와 똑같습니다. 그 기도는 잘못된 기도이니 빨리 버려야 합니다.

믿음을 갖기 시작한 사람들에게는 그러한 샤머니즘적인 기도가 아니라, 예수님이 가르쳐 주신 기도인 주기도문을 가르쳐 주어야 합니다. 그래서《풍성한 삶의 첫걸음》에서 주기도문을 두 장에 걸쳐서 요약했습니다. 믿음이 어린 성도들에게 주기도문의 기본적인 틀과 정신들을 잘 가르쳐서 그것으로 기도할 수 있게 도와주십시오. 그러나 주기도문은 그 정도 분량으로도 요약할 수 있지만,《한국교회가 잃어버린 주기도문》(죠이출판사)이라는 책에서 볼 수 있듯 한 권으로도 이야기할 수 있을 정도로 굉장히 깊은 것입니다. 우리의 기도는 더 깊어져야 합니다. 그래서 주기도문을 더 본격적으로 공부해 나가야 합니다.

주기도문이 우리에게 특별한 이유는, 예수님의 가르침인 하나님나라 신학이 없이는 주기도문을 제대로 이해할 수 없기 때문입니다. 예수님의 사상인 하나님나라를 알아가면 알아갈수록 기도는 더 깊어지고 점점 달라집니다. 저는 기도 생활이 힘들거나 기도가 잘 안 될 때에는 늘 주기도문으로 갑니다. 그러면 그 주기도문이 저를 살리곤 합니다.

기도의 특권을 누리십시오. 기도를 하기 위해서 억지로 시간을 내는 것이 아니라, '하나님이 내 소리를 들으신다. 내 마음의 고백을 들으신다'는 사실을 기억하십시오. 얼마나 대단한 일입니까? 기도 역시 의무가 아니라 특권인 것을 따르미에게 가르치십시오. 그리고 어렵게 가르치지 마십시오. 하나님 앞에서 자기의 소리를 내라고 이야기해 주십시오. 거룩이 무엇인지도 모른 채 '거룩하신 하나님'이라 부르며 시작해서는 안 됩니다. 신앙이 어릴 때부터 자기의 언어로 기도하는 법을 가르쳐 주십시오.

거룩한 습관

이러한 말씀 읽기와 기도하기가 다 좋은 것은 알겠는데 잘 안 되는 이유가 뭘까요? 습관이 되지 않아서입니다. 말씀 읽기와 기도로 반응해야 한다는 것까지 다 이해했는데도 성장하지 않는 사람들은, 과거의 습관에서 벗어나지 못했기 때문입니다. 새로운 습관을 형성하지 못했기 때문입니다. 물론 100퍼센트 그 이유 때문만은 아닙니다. 20퍼센트 정도는 다른 이유가 있고 80퍼센트는 건강한 습관이 없기 때문입니다. 하루에 한 번도 하나님과 눈을 맞추지 않는데 어떻게 영적으로 성장하겠습니까? 하나님이 말씀해 주시는 지혜는 자꾸 잊어버리면서, 24시간 쏟아지는 엄청난 세속적인 데이터 속에 있는데 어떻게 성장하겠습니까?

그래서 10-10-10을 추천합니다. 그러나 어린 신자들은 이것도 어려워합니다. 사실 10분 동안 앉아 있는 것도 굉장히 어렵습니다. 많이 힘들어 하면 5-5-5로 바꾸어도 됩니다. 하지만 10분 정도는 밀어붙일 만합니다. 이것을 즐길 수 있도록 습관을 만들어 주십시오. 생각이 바뀌면 행동이 바뀌고 행동이 바뀌면 습관이 바뀌고 습관이 바뀌면 인격이 바뀌고 인격이 바뀌면 인생이 바뀝니다.

하나님과의 인격적인 교제를 위한 버팀목

영적 성장의 열쇠: 공동체와 성령님

그렇다면 이런 고갱이가 되는 하나님과의 인격적인 관계를 위한 버팀목이 있어야 할 것입니다. 그것은 영적 성장의 열쇠라고도 할 수 있는 것으로, 바로 공동체와 성령님입니다.

'공동체'에서는 사람들이 나눔의 즐거움을 맛볼 수 있도록 도와주어야 합니다. 이러한 공동체적 나눔에는 3C로 표현할 수 있는 세 가지 요소가 있습니다. "내 상황(Context)은 이러한데, 하나님이 이렇게 도전하셨기(Challenge) 때문에 이렇게 변화되고(Change) 싶어요."

사람들은 자기 이야기를 잘 하지 않으려 합니다. 특히 개념을 이야기하려 하고, 남의 이야기를 하려 합니다. 따라서 위의 세 가지 요소를 활용하여 자신의 이야기를 하도록 도와주십시오. 공동체 속에서 계속 이렇게 나누는 연습을 할 때 그 나눔이 가지고 있는 아름다움을 경험하게 될 것입니다. 잘 들어 주고 자기 속의 이야기를 하는 것을 통해 소통의 면에서도 성숙해 나갈 것입니다.

그리고 이때 '성령님'께서 우리를 도와주십니다. 성령님께 민감해지는 법을 계속 배우십시오. 성령님은 우리에게 기적을 일으키시는 분이 아니라 우리를 진리 가운데로 이끄시는 분입니다. 성령님은 우리에게 두 가지 매체를 통해 말씀하십니다. 우리의 양심을 통해서 말씀하시고 또한 성경을 통해 말씀하십니다. 또 그 두 가지로 성령의 음성을 듣고 기도할 때 초자연적인 이미지도 생겨납니다. 이렇게 환상이나 어떤 이미지를 보았을 때에는 예리해

진 양심과 말씀에 대한 이해를 통한 분별력으로 그 본 것들을 해석하게 됩니다. 이렇게 함으로써 영적 체험들이 깊어지는 것입니다.

간증과 전도

그리고 하나님과의 인격적인 교제를 위해서 꼭 해야 할 것이 간증과 전도입니다. '간증'은 나에게 있었던 일을 사람들에게 이야기해 주는 것이고, '전도'는 우리가 믿게 된 내용을 전달하는 것입니다. 간증은 다소 개인적인 것이고 전도는 좀 더 객관적인 진리를 이야기하는 것인데 두 가지가 섞일 수도 있을 것입니다.

이 간증과 전도가 우리 인생에 중요한 까닭은, 그렇게 말로 표현하는 것을 통해 우리가 진리를 재확인하게 되기 때문입니다. 이런 이야기를 하면 할수록 이 이야기를 통해서 내가 가진 믿음이 강화되고 정리됩니다. 저는 감히 제 신앙이 성장한 이유가 전도 때문이라고 말할 수 있을 것 같습니다. 친구들과 이야기하고 논쟁하면서 굉장히 많이 변했습니다. 초기에는 복음을 전하다가 순간적으로 하나님이 주시는 지혜가 임하는 놀라운 경험도 했습니다.

성령께서 가장 강력하게 역사하시는 현장이 바로 전도 현장입니다. 예수 그리스도의 영, 예수 그리스도께로 사람들을 이끌어 가는 영이신 성령님이 제일 관심이 있는 것은, 예수 그리스도의 죽으심의 의미, 하나님나라의 의미가 사람들에게 들려지는 것입니다. 정말 성령을 경험하고 싶으십니까? 그럼 전도의 현장으로 가십시오. 믿음이 어린 사람들도 간증과 전도를 하게 도와주십시오. 간증은 누구나 할 수 있습니다. 전도도 조금만 준비하면 아주 어설퍼도 기독교의 진리를 사람들에게 설명할 수 있습니다.

회심한 이들이 간증문을 쓰도록 도와주십시오. 회심했을 때의 간증문을 가지고 있는 것은 참으로 복된 일입니다. 처음으로 주님을 믿고 따라갔을 때의 흔적을 남겨 놓으십시오. 사진을 찍어 놓듯이 말입니다. 지금이라도 옛날을 회상해서 써 보십시오. 회심했을 때의 간증문은 오랜 기간 주님을 따라가는 데 너무나 중요합니다. 또 그리스도인으로 살아가면서도 가끔씩 간증문을 쓰십시오. 굽이굽이 중요한 순간마다 그것을 기록해 놓으십시오.

공개적 선언

회심한 이들은 그것을 공개적으로 선언하는 것이 필요합니다. 그것이 세례입니다. 출발점에서 그것을 공공연하게 고백하는 것이 필요합니다. 이것은 기독교 신앙에서 매우 중요한 것입니다. 사람들이 종종 기독교 신앙은 마음속에서 이루어지는 것이라고 오해를 합니다. 그렇지 않습니다. 신앙은 반드시 표현해야 합니다. 그것은 겉으로 드러나게 되어 있습니다. 그것을 공개적으로 드러냄으로써 더 이상 뒤로 돌아서지 않겠다는 결단을 하는 것입니다. 때때로 우리가 우리 신앙을 이런저런 모양으로 형제들에게 고백하는 이유가여기에 있습니다.

　우리 신앙은 사적 영역에 머무는 것이 아닙니다. 공적인 영역에서 꽃피우는 것입니다. 세례는 그리스도인의 삶을 시작하면서 처음으로 그것을 해 보는 것입니다. 그런데 거기서 끝나면 안 됩니다. 우리는 성찬식을 할 때마다 우리 신앙을 고백합니다. 그러면서 혼자 타협하고 뒤로 물러서는 그런 신앙에서 공적이고 앞으로 나가는 신앙으로 자리 잡는 것입니다. 그래서 공개하는 것, 자기 속에 있는 성숙한 것을 드러내는 것이 중요합니다. 자기를 드러내는 것이 아니라 자기 결단을, 자기 삶의 지향점을 사람들에게 드러내는 것입니다.

하나님나라의 신학

《풍성한 삶의 첫걸음》 각 장 말미에 '하나님나라의 신학'을 열 번으로 쪼개어 초신자가 이해할 수 있도록 정리해 놓았습니다. 이 부분을 읽으면서 하나님나라 신학을 정리해 보십시오. 이것은 굉장히 중요합니다. 우리 진리의 기초니까요. 시간이 더 있다면, 비록 청년이 아닐지라도 마가복음 1장 15절을 통해서 하나님나라 신학을 해설한 《청년아 때가 찼다》(죠이출판사)를 읽어 보십시오. 혹은 유튜브에서 그 내용을 요약해 놓은 것도 있으니 들어 보십시오 (https://www.youtube.com/watch?v=iETr6JiHnb4). 우리는 진리 위에, 예수님이 가르치신 진리 위에 서 있어야 하는 사람들이기 때문입니다.

초기 양육의 목적과 이끄미의 영향력

초기 양육의 목적은 하나님과 관계를 맺게 하는 것입니다. 하나님과의 인격적 관계를 건강하게 맺게 하는 것입니다. 여기서 이끄미의 영향력은 지대합니다. 하나님은 보이지 않고 인격적 관계를 맺는다는 것도 모호하지만, 이끄미의 모습을 보며 '아…저런 것인가 보다' 하고 흉내 내기 시작하니까요. 그래서 중요한 것은 우리 자신이 하나님과의 인격적 관계에서 점점 성숙해 나가는 것입니다. 우리가 성숙하면 할수록 따르미에게 더 큰 영향을 줄 수 있습니다. 기독교 신앙의 고갱이는 하나님과의 인격적인 관계를 맺는 것입니다. 하나님은 사람들이 그렇게 되도록 돕는 이 위대한 일을 우리에게 맡기셨습니다.

세 번째 모임_
하나님과의 인격적인 관계

나눔 질문

1 우리 신앙의 고갱이(본질)가 하나님과의 인격적인 관계입니다. 하나님과의 인격적인 관계에 대해, 지금까지 내가 가지고 있던 생각이 이 내용을 통해서 어떻게 보완되었습니까?

2 하나님과 인격적인 관계를 맺는 면에서, 하나님의 은혜와 우리의 믿음은 어떤 면에서 중요하고, 어떤 역할을 하는지 이야기 나누어 보십시오. 특히 내가 더욱 집중해야 할 부분은 무엇이고, 그 이유는 무엇인가요?

3 회심한 사람에게 나타나는 세 가지 요소를 정리해 보고, 이를 토대로 우리가 따르미들을 어떻게 섬겨야 할지 구체적인 사례를 가지고 이야기 나누어 보십시오. 이 부분에서 어렵거나, 부족한 부분들이 있다면 사역자들에게 자문을 구하십시오.

4 나의 영적인 삶에서 거룩한 습관은 어떻게 형성되어 있나요? 특히 10-10-10을 기준으로 볼 때, 어떤 부분에서 성장이 필요한가요? 이런 면에서 나는 공동체와 성령님을 어떻게 의지해야 할까요?

5 나는 주님의 증인으로서의 삶을 위해 어떤 간증을 가지고 있나요? 나의 세례식은 어떠했나요? 세례식 간증문을 가지고 계신가요? 없다면 지금이라도 기록해 보면 어떨까요? (나의 신앙 여정의 첫걸음이니만큼 이제라도 기록해 보십시오.)

6 《풍성한 삶의 첫걸음》각 장 끝에 있는 "하나님나라 이야기" 10개를 읽어보고, 하나님나라 사상을 정리해 보십시오

7 과제: 다음 모임에서 나눌 "이끄미가 줄 수 있는 가장 큰 선물"을 읽고, 나눔 질문에 각자의 생각과 마음을 기록해 보십시오.

이끄미가 줄 수 있는 가장 큰 선물

인생을 살아오면서 우리 한국 교회에 좋은 모범을 보이는 선배 목사님들을 만나면 참 고마웠습니다. 물론 약점이나 부족한 부분이 없는 완전한 분들을 본 적은 거의 없는 것 같지만, 그런 약점과 부족함이 보였음에도 저희 앞에서 걸어가시는 분들이 계신다는 것은 큰 격려가 되고 힘이 되었습니다. 만나 뵈면 정말 감사하는 마음을 갖고 또 존경하는 마음을 갖게 되었습니다.

나이가 쉰 중반이 넘어가기 시작하니까, 이제 앞서 가시는 분들뿐 아니라 뒤에서 따라오는 사람들도 많다는 것을 발견하게 됩니다. 그리고 우리 젊은 사역자들이 저를 만날 때 주는 기대, 감사의 눈빛, 과거에 제가 선배들에게 보여 주었던 그런 눈빛들을 발견할 때 아주 무거운 책임감 같은 것을 느끼곤 합니다.

《풍성한 삶의 첫걸음》이끄미를 한다는 것은 어떤 면에서 그런 긴 대열에 합류하는 것과도 같습니다. 그것은, 우리를 뒤따라오는 믿음의 후배들에게 "내가 이렇게 걸어가고 있으니, 너도 같이 걸어가자"고 격려하면서 그들도 우리 뒤를 따라서 이 길을 꾸준히 걸어갈 수 있도록 격려하는 일이니까요. 세월이 지나가면 갈수록 아마 점점 우리는 이 대열의 앞쪽에 있게 될 거고요. 우리의 뒤를 따르는 사람들은 점점 많아질 것입니다. 그러므로 이 첫걸음을 어떻게 잘 이끄는가는 참으로 중요한 것 같습니다. 이끄미가 따르미에게 줄 수 있는 가장 큰 선물은 무엇일까요? 이 《풍성한 삶의 첫걸음》은 어떻게 인도해야 할까요?

《풍성한 삶의 첫걸음》 인도가 이끄미에게 주는 의미

먼저 이《풍성한 삶의 첫걸음》인도가 이끄미들에게 어떤 의미가 있는지부터 살펴야 할 것 같습니다. 첫 번째로 이끄미는 이 교재 인도를 통해 **기본을 점검**하게 됩니다.

기본이라는 것은 참 흔들리기가 쉽습니다. 하지만 기본을 잘 잡는 것은 우리 인생의 여러 영역에서 매우 중요합니다. 이 교재로 따르미들을 이끌 때 먼저 우리는 '따르미들의 신앙이 어떨까?'에 대해 생각하겠지만, 이 내용을 다루면서 무엇보다도 먼저 해야 할 것은 '나의 기본적인 삶이 잘 자리 잡고 있는가? 예수 그리스도라는 기초 위에 나의 삶이 잘 자리 잡고 있는가?'를 점검해 보는 것입니다. 특별히 이 교재에서 강조하는 것은 '하나님과 어떻게 인격적인 관계를 맺는가?' 하는 것입니다. 하나님과의 인격적인 관계가 우리 신앙생활의 아주 본질적인 내용이기 때문입니다. 그렇다면 이끄미들은 과연 자신과 하나님의 관계는 견고한지, 그 관계가 깊어져 가고 있는지를 점검하는 것이 매우 중요할 것입니다.

사실 이러한 교재 인도를 통해서 실제로 유익을 얻는 것은 우리들입니다. 우리가 늘 경험하지만, 신앙생활을 하다 보면 자꾸 흐트러집니다. 기본을 놓치기도 합니다. 그 때 이끄미가 될 준비를 하며 우리의 기본을 다시 정돈하는 시간을 갖는 것은 큰 도움이 됩니다. 이것을 그저 하나의 프로그램으로 생각하기보다는 자기를 돌아보는 기회로 사용하십시오.

예를 들어, 10-10-10이 우리의 습관으로 잘 자리 잡혀 있는지 점검해 보십시오. 이것은, 아침에 일어나서 10분, 하루가 지나가기 전에 한 번 10분, 자기 전에 10분 정도를 멈추어 서서 하나님께 집중하는 시간을 갖자는 것입니다. 별 것 아닌 것 같지만 이 정도만 자리를 잡아도 영적 아이에서 영적 청년으로 금세 성장합니다. 그런데 영적 청년, 영적 부모가 된 이들도 신앙생활 초기부터 이런 훈련을 하지 않았다면, 일주일 내내 거의 말씀도 보지 않고 기도도 제대로 하지 않으며 살기도 합니다. 따르미를 이끌기 전에 나 자신의 삶을 돌아보는 시간을 가져 보면 좋을 것 같습니다.

그뿐만 아니라 이런 과정을 통해서 우리는 **영적 동반자를 얻는 축복**을 누릴 수 있습니다. 한 사람을 돌보고 그 사람과 같이 걸어간다고 해서 영원히 그에게 영적인 리더가 되는 것은 아닐 것입니다. 세월이 지나면 그들은 금방 우리와 동등한 동역자들이 됩니다. 대학 시절에 제가 돌보았던 형제자매들은 여전히 저를 형이라고 부르고 오빠라고 부르지만 저는 이제 그들을 저의 동생이나 후배로 보지 않습니다. 이제는 어떤 영역에서는 저보다 더 뛰어나게 주님을 섬기고 있는 동역자들이 되었습니다. 그런 친구들 때문에 마음을 더 새롭게 하기도 하고 조심하기도 합니다. 이렇듯 이러한 첫걸음 인도는 영적 동반자를 얻을 수 있는 아주 소중한 기회이기 때문에, 우리에게 너무 소중한 것 같습니다. 누군가의 신앙생활의 첫걸음을 잘 돕는 일은 우리 인생의 소중한 자산이 될 것입니다.

인도 준비

그렇다면 좀 더 구체적으로 《풍성한 삶의 첫걸음》을 어떻게 인도할지 이야기해 봅시다. 첫 번째는 **따르미를 잘 물색하는 것**이 필요합니다. 주변에 있는 사람들 가운데서 첫걸음을 잘 도와주고 싶은 사람들을 선별해 내는 일이 필요합니다. 물론 예수님을 막 영접한 사람의 경우에는 당연히 《풍성한 삶의 첫걸음》으로 그들을 이끌어 주어야 합니다.

사람들이 예수님을 영접하도록 도와준 경험이 아직 없는 분들은 "제가 복음을 전해서 예수님을 영접하는 사람이 생기는 축복을 꼭 주십시오"라고 간절히 기도하십시오. 그러면 정말 부족하지만 복음을 나누었는데 어떤 사람이 예수를 믿게 될 때, 여러분들은 아마 하늘에서 벌어지고 있는 하늘 잔치의 그 기쁨을 맛보게 될 것입니다. 그렇게 해서 예수님을 영접하게 되면, 당연히 그가 신앙의 첫걸음을 놓을 수 있도록 도와주는 일은 꼭 필요합니다.

그러나 교회에 막 나오기 시작해서 하나님에 대해 관심만 있는 사람과《풍성한 삶의 첫걸음》을 하면 안 됩니다. 아직 회심하지 않은 사람들은 절대로 안 됩니다. 그렇게 되면, 사람들은 기독교를 일종의 교육을 받는 것으로 생각하게 됩니다. 이 교재의 2과는 '거듭남'을 다루고 있는데, 그 장을 다룰 때 그 사람이 거듭난 것이 분명하지 않으면 거기서 멈춰야 합니다. 하나님 앞에 진지하게 설 수 있도록 도와주어야 합니다. 회심하지 않은 사람일 경우에는 이 교재가 맞지 않습니다.

또 예수님을 막 영접한 사람들만이 아니라, 교회를 오래 다녔거나 신앙생활을 오래 했는데도 그리스도인으로서 성장하고 있지 않은 사람들에게도 신경을 쓸 필요가 있습니다. 회심한 것 같긴 한데 영적 성장이 더디다면, 하나님과의 인격적 관계라는 영적 성장의 핵심을 놓쳤기 때문일 수 있습니다. 성경을 아무리 많이 연구하고 기독교에 관련된 책을 아무리 많이 읽고 기독교적 활동을 해도, 하나님과의 인격적 관계가 발전하지 않으면 그 사람은 영적으로 성장하지 못합니다.

그리고 따르미를 찾는 데 아주 중요한 한 가지 조건이 있는데요. 그 따르미가 이끄미인 나를 신뢰할 수 있느냐입니다. 나를 신뢰하지 않고 나를 별로 좋아하지 않는 사람과는 어떤 영적 훈련이든 불가능합니다. 영적인 가르침, 영적인 성장은 신뢰 관계 속에서만 이루어질 수 있기 때문에 그렇습니다. 그러므로《풍성한 삶의 첫걸음》의 첫 걸음은, 잘 이끌 수 있는 따르미를 찾는 것입니다.

두 번째는 당연히 **시간과 장소**를 잘 정해야 합니다. 시간과 장소를 정하고 시작하십시오. 이것은 훈련입니다. 따르미들은《풍성한 삶의 첫걸음》을 통해 이제 헌신이 무엇인지 배우기 시작합니다. 이런 헌신을 배울 때 중요한 것은, '내가 하고 싶을 때 하고 하기 싫을 때는 하지 않는' 버릇이 들지 않게 하는 것입니다. 처음부터 하나님께 마음을 드릴 때에는 정성껏 드려야 한다는 것을 배워야 합니다.

저는 신앙생활이란, 하나님의 절대적 사랑과 그분의 무조건적인 은혜로운 언약에 우리가 반응해 나가는 과정이라고 생각합니다. 그런데 하나님의 절대적인 사랑은 너무 크고, 그 무조건적인 은혜의 약속은 너무 놀랍습니다. 하나님 편에서 우리에게 이렇게 엄청난 은혜를 쏟아 부으시는데 우리도 그것을 알아가면서 그에 걸맞게 반응해 나가는 것이 당연할 것입니다. 하나님은 처음부터 우리에게 무리한 약속을 요구하지는 않으십니다. 우리가 깨달은 만큼 다가오라고, 깨달은 만큼 헌신하라고 하십니다. 그러다 결국 우리가 생명도 드릴 수 있는 데까지 성장하게 될 것입니다.

그러므로 《풍성한 삶의 첫걸음》을 통해, 하나님과의 이 작은 약속들을 잘 지키고 성장해 나가도록 가르쳐야 합니다. 그래서 시간과 장소를 정하는 것이 중요합니다. 아무 때나 하고 시간 없으면 하지 않는 일이 없도록, 시간과 장소를 확보하십시오.

마지막으로 **방법**을 정해야 합니다. 《풍성한 삶의 첫걸음》은 MP3와 VOD, 책이 다 준비되어 있으니 잘 활용하면 좋겠습니다.

일단 MP3와 VOD는 듣는 것을 중심으로 하는 것입니다. 영상을 보기는 해도 사실 듣는 것이 중심입니다. 이 매체의 장점은 뭘까요? 사람들은 선택적 청취를 잘 합니다. 보통 듣고 싶은 것만 듣습니다. 그러다 보면 은혜를 받습니다. 귀에 들어오는 것을 선택했으니까요. 그래서 이 매체를 사용하면 일단 사람들이 유익을 얻을 가능성이 상당히 많습니다. 그런데 대부분은 주의를 집중해서 듣지는 못하기 때문에 전체 내용을 소화하는 데 미진할 가능성이 있습니다.

책을 사용할 경우, 장점은 내용을 전체적으로 소화하려고 한다는 것입니다. 강의를 들을 때에는 중간 중간에 논리적으로 건너뛰어도 다 알아들을 수 있습니다. 그러나 책의 경우 논리적으로 건너뛰면 이해가 되지 않습니다. 책은 그런 면에서 전체적인 내용을 소화하는 데 굉장히 좋고, 복습하기에도 좋습니다. 읽으면서 줄도 치면서 표시를 해 놓았으니까요. 단점은, 책을 잘 안 읽는 사람에게는 책을 읽는다는 것이 곤혹이라는 것입니다.

따라서 대상에 따라서 방법을 정하는 것이 좋습니다. 이렇게 매체를 여러

가지로 만들어 놓은 이유는 성도들의 상태가 다 다르기 때문입니다. 책을 잘 안 읽는 사람과 책으로 나눔을 하는 것은 효과가 없습니다. 또는 책을 잘 읽는 사람에게 꼭 음성을 듣자고 할 필요도 없습니다. 제일 좋은 방법은 두 가지를 섞는 것입니다. 함께 공부할 때 강의를 듣거나 보고 그 다음 집에 가서 복습으로 책을 읽는 것이 가장 효과적인 방법이 아닐까 생각합니다.

모임 중 이끄미의 역할

모임 중에 이끄미는 무엇을 해야 할까요? 앞의 강의에서도 계속 이야기했듯이, 기독교에서는 진리를 깨닫는 것이 제일 중요합니다. 따라서 이끄미들은 먼저, 따르미가 **내용을 바르게 이해**했는가를 자주 점검해 봐야 합니다. 《풍성한 삶의 첫걸음》은 책이 너무 두꺼워지지 않도록 내용을 함축적으로 담은 측면이 있습니다. 그러므로 따르미들이 그 내용을 잘 이해했는지 확인하는 것이 중요합니다.

그런데 내용을 이야기해야 하는 상황에서 내용과 관련 없이 자기 이야기만 하려고 하는 사람들이 있습니다. 이야기를 시작하면 삼천포로 빠지는 이들이 있습니다. 그럴 경우 일단 이야기를 중단시키고 다시 내용을 이해했는지 질문을 던지거나, 내용을 요약해 보라고 요청해야 합니다. 이 워크북의 질문들은 내용을 잘 이해했는지 확인하기 위한 질문들입니다. 이 질문들을 잘 활용하십시오.

두 번째는, 따르미가 이해한 내용을 자신에게 어떻게 적용하고 있는지 잘 **경청하는 것**이 필요합니다. 이때는 그들이 자신의 이야기를 할 수 있게 해주십시오. 예를 들어, '거듭남'에 대한 내용을 들었다면, 그 사람의 거듭남은 어떠했는지 물어 보십시오. 거듭남에는 세 가지 특징이 있는데, 그 특징들이 그 사람에게 어떻게 나타나는지 이야기하게 해주십시오. 따르미가 그 질문에 답할 때 중간에 끊지 마시고 그의 이야기를 충분히 들어 주는 것이 필요합니다. 여러분의 입장에서 그 사람을 이해하려고 하지 마십시오.

예를 들어, 회심과 관련해서도 나의 회심 방식과 그 사람의 회심 방식이 같을 리가 없습니다. 내 방식을 그 사람에게 요구하면 그것은 폭력이라 할 수 있습니다. 하나님은 사람의 성향에 따라 다양하게 사람들을 만지시기 때문에, 그 사람의 이야기를 잘 들어야 합니다. 해결책을 찾으려고 듣지 마십시오. 오히려 '그 사람을 통해서 일하시는 하나님의 마음'이 무엇인지 알고자 하며 들으십시오. 우리는 하나님의 마음을 살펴야 합니다.

사실 믿음이 어릴수록, 경험이 적을수록, 또는 잘못 배웠을수록 자꾸 가르치려고만 합니다. 가르치는 것은 영상이나 책이 다 했습니다. 이끄미들은 하나님이 이 사람을 어떻게 만지고 계시는지, 이 사람이 어떤 부분이 부족한지, 하나님은 이 사람에게 어떻게 다가가기를 원하시는지 생각하면서 따르미들의 이야기를 들어야 합니다. 이야기를 잘 듣다 보면 그 사람이 보입니다. 그 사람이 어떤 사람인지 보이고, 어떤 부분이 부족한지 보입니다. 그러면 여러분이 조심스럽게 어떤 제안을 할 수 있을 것입니다. 여러분이 원하는 방식으로 가르치고 끌고 가고 만들어 가려고 하지 않는 것이 가장 중요합니다.

그 다음 세 번째로 중요한 것은, 그리스도인의 삶의 핵심이라 할 수 있는 것으로, **본을 보이는 것**입니다. 그리스도인의 성숙에서 아주 중요한 축을 이루고 있는 것이 본을 보이는 것입니다. 진리와, 진리를 살아낸 사람들의 삶이라는 이 두 가지가 결합될 때 여기서 힘이 나오기 때문입니다. 삶은 없고 가르침만 있다면 그것은 속 빈 강정같이 느껴질 것입니다.

그래서 이끄미인 우리는 우리의 기본적인 삶이 잘 되고 있는가를 점검해야 합니다. 그리고 우리의 완벽한 모습이 아니라, 우리가 주님과 더 인격적인 관계를 누리고 싶어 하며 그것을 사모하고 있다는 것과, 그것을 향해서 조금씩 더 자라가고 있다는 것을 보여 주어야 합니다. 다시 말하지만, 완벽한 모습을 보여 주려고 하면 그 순간 그것은 위선이 됩니다. 사람들은 위선을 빨리 알아챕니다. 빨리 못 알아채는 사람도 시간이 지나면 알게 됩니다. 그러므로 있는 모습 그대로를 보여 주는 것이 가장 효과적입니다.

만약 이끄미가 이 교재에서 이야기하는 아주 초보적인 하나님과의 관계도 잘 유지하지 못하고 있다면, 준비하면서 그 부분을 회복하십시오. 예를 들어, 이 교재에서는 주기도문으로 기도하는 것을 다루는데, 이끄미가 주기도문으로 기도해 본 적이 없다면 본을 보일 수가 없습니다. 아니 그건 있을 수가 없는 일입니다. 왜냐하면 예수님은 기도를 가르치시면서 "너희는 이렇게 기도하라"고 명령하셨으니까요. 본을 보이는 일은 쉽지 않습니다. 이끄미가 먼저 기초를 다시 놓아야 합니다. 본을 보이며 살아가려고 애써야 합니다.

또 본을 보일 때 지혜가 필요합니다. 여러분 가운데 한 시간씩 기도하는 분들이 있을 것입니다. 하지만 그런 이야기를 하며 따르미에게 겁 주지 마십시오. 본을 보이되, 이끄미의 모습을 다 보일 필요는 없습니다. 이끄미가 한 시간씩 기도한다는 이야기를 할 때에도, "나도 신앙생활 초기에는 그렇지 않았어. 처음에는 5분 기도하는 것도 힘들었어. 하지만 하나님을 바라보기 시작하니 5분이 그렇게 긴 시간이 아니더라고"와 같이 조심스럽게 이야기해 주십시오.

그리고 **칭찬과 격려**도 중요합니다. 작은 변화와 시도에 큰 박수를 쳐 주십시오. 기독교의 칭찬은 하나님의 은혜를 보고 그것에 대해 박수를 치는 것입니다. 하나님이 일하시는 작은 싹을 발견하고 그것에 물을 주는 행위입니다. 따라서 그 사람을 통해서 하나님이 무슨 일을 하시는지 계속해서 관찰할 때 할 수 있는 것이 격려이고 칭찬입니다.

이것이 왜 중요할까요? 그리스도인의 삶이란, 결국 하나님의 은혜를 누리며 살아가는 것이기 때문입니다. 우리가 따르미들 속에 은혜를 집어넣어 줄 수는 없습니다. 우리가 은혜를 만들어 낼 수는 없습니다. 은혜는 하나님으로부터만 옵니다. 그러므로 그들 속에 은혜를 집어넣어 주려는 시도는 버리고, 하나님이 그들에게 어떤 은혜를 입히고 계시는지 발견하고 그것을 격려하고 그것을 사람들이 인지할 수 있게 도와주십시오. 이것이 격려입니다.

늘 이런 자세를 가지고 있어야 합니다. "하나님은 너를 사랑하셔. 이건 불변의 진리야. 네가 아무리 개판을 쳐도 그래. 그렇다고 네가 개판을 친 것 자체를 사랑하신다는 말은 아니야. 너 자체를 사랑하신다는 말이야. 하나님은 네가 거기서 벗어나기를 바라시고 네가 성장하시기를 간절히 바라셔." 은혜를 발견하고 발견하게 해주십시오.

모임 전후 이끄미의 역할

그렇다면 모임 전후 이끄미의 역할은 무엇일까요?

첫 번째는 당연히 **중보 기도**입니다. 《풍성한 삶의 첫걸음》이든 다른 형태든 사람들을 도울 때 그 사람을 만나서 이야기하는 시간에 승부가 결정된다고 생각하는 것은 착각입니다. 그 외의 시간에 승부가 결정됩니다. 그래서 중보 기도가 중요합니다. 하나님은 정말 이상하게 일하시는 것 같습니다. 그냥 하나님이 하시면 되는데, 우리에게 기도하라고 하십니다. 왜 그럴까요? 정확히는 모르겠지만, 하나님은 우리가 동역자가 되기를 원하시는 것 같습니다. 하나님은 우리를 부르셔서 하나님의 사역의 현장 속에서 일하기를 원하시는 것 같습니다. 우리를 중요한 존재로 여겨 주시는 거죠. 그래서 우리는 기도해야 합니다.

사실 이런 것을 통해서 이끄미인 우리가 영적으로 성장합니다. 《풍성한 삶의 첫걸음》을 이끄는 동안 어떤 한 사람을 마음에 품는 법을 배우는 거죠. 뿐만 아니라 이 일을 공동체적인 맥락에서 할 수 있다면 더 좋을 것 같습니다. 이끄미가 어떤 소그룹에 속해 있다면, 소그룹에 이렇게 기도 요청을 할 수 있습니다. "내가 OOO와 《풍성한 삶의 첫걸음》을 하니 기도해 주세요. 이번 기회에 이 사람이 기초를 잘 놓을 수 있도록 도와주세요." 공동체가 함께 기도하며 지지해 주는 것은 아주 좋은 일입니다.

그리고 두 번째로, 이 만남을 갖는 동안 꾸준하게 **지지와 점검**을 해줄 필요가 있습니다. 일주일에 한두 번 연락하는 것은 어렵지 않을 겁니다. 요즘은 '카톡'으로 글을 남길 수도 있고, 소통 방식이 아주 많으니까요. "10-10-

10은 어떻게 하고 있어? 하루가 시작되기 전 10분 정도 주님과 함께 보냈니? 난 이렇게 했는데 이런 느낌이 들었어. 그리고 너를 위해 기도했어." 이렇게 계속 상기시켜 주십시오. 따르미가 '아, 저 사람과 만나는 한 시간보다 정말 사는 게 중요하구나!'라고 깨달을 수 있도록 도와주십시오. 모임 시간에 이야기 나누고 나서 일주일 내내 잊어버리고 있다가 일주일 후에 만나서 이야기하면 도움이 되겠습니까?

잊지 마십시오. 신앙생활을 막 시작하는 사람들은 그리스도인의 삶의 습관이 전혀 형성되어 있지 않습니다. 생활 방식이 아직 바뀌지 않은 사람들입니다. 그러므로 생활 방식이 바뀌도록 계속 지지해 주고 점검하는 일이 필요합니다. 이렇게 지지해 주고 점검해 주면서 우리 자신도 정신을 바짝 차리게 됩니다. 저는 다른 사람의 영적 성장에 관심을 갖고 있는 동안에는 제가 쑥쑥 크는 것을 발견했습니다. 반면 다른 사람의 영적 성장에 별로 관심을 갖고 있지 않으면 우리도 모르는 사이에 의기소침해지고 성장하지 못하는 모습을 많이 봅니다. 그러므로 함께 행하기로 한 것들을 계속 상기시키고, 여러분도 그렇게 하고 있음을 알려 주며 동반자적인 자세를 취하는 것도 필요합니다.

《풍성한 삶의 첫걸음》은 10과로 되어 있는데, 따르미에 따라서 두 과씩 해 나가는 것도 가능합니다. 그러나 따르미가 소화를 잘 하지 못하면 굳이 다섯 번에 끝내야 할 이유가 없습니다. 그럴 경우에는 한 과씩 나가도 괜찮습니다. 그 사람을 잘 점검해 나가면서 그 사람의 상태에 따라서 조정해 나가십시오. 프로그램을 끝내려 하지 마시고 그 사람을 계속 지지해 주고, 성장하는 것을 점검하면서 필요하다면 방법을 수정해 나가는 것도 좋겠습니다.

마지막으로, 따르미가 이 교재를 잘 마무리하고 그리스도인으로서의 삶을 어느 정도 살아간다면, 《풍성한 삶의 기초》로 이끌어 주십시오. 이 사람이 정말 제자 훈련을 할 수 있도록 도와주는 것이 필요합니다. 직접 《풍성한 삶의 기초》를 인도하지 않더라도 다른 사람과 연결시켜 준다든가 하면서 그 사람의 영적 성장이 지속될 수 있도록 도와주십시오. 한 사람과 《풍성한 삶으로의 초대》,《풍성한 삶의 첫걸음》,《풍성한 삶의 기초》를 함께 하는 것은 큰 복입니다.

이끄미가 따르미에게 줄 수 있는 최고의 선물

우리가 인생을 살면서 영적으로 누군가보다 조금 앞서서 걸어갈 수 있다는 것은 말할 수 없는 복입니다. 그런데 조금 앞서서 걸어가는 이끄미가 따르미에게 줄 수 있는 최고의 선물은 다른 것이 아니라, 그 길을 잘 걸어가는 것입니다. 그 길을 진지하고 진정성 있게 걸어가는 것이 제일 좋은 선물입니다. 무언가를 자꾸 가르칠 필요가 없습니다. 우리가 가야 할 길을 걸으면서 조금 더 시간을 내어 마음을 모아서 따르미를 위해서 기도하고 그를 돌보고 그 속에 임하는 은혜를 발견하게 하고 그렇게 살아가는 것이 우리의 삶이 아니겠습니까? 우리 모두 이끄미로서의 복을 충분하게 누려서 따르미에게도 그 복이 아름답게 전수되는 일들이 많이 생기게 되기를 간절히 바랍니다.

나눔 질문

1 이끄미로 준비해 오면서, 하나님나라 복음이 전수되는 하나님의 역사의 기나긴 행렬에서 나의 몫을 감당한다는 것이 어떤 의미로 다가오십니까?

2 준비 과정을 진행하면서, 이끄미로서 기본이 더욱 자리를 잡아 가고 있는 면과 그렇지 못한 면이 있다면 무엇인지 이야기 나누어 보십시오.

3 따르미를 물색했다면 어떤 사람인지 나누어 보십시오. 그를 위한 기도 제목이 무엇인지 이야기 나누어 보십시오.

4 따르미와 어떤 방법(시간, 장소, 자료 사용 등)으로 모임을 가질지에 대해서 계획을 세우고 나누어 보십시오.

5 다시 한 번, 이끄미의 가장 중요한 역할은 '따르미가 내용을 잘 이해하고 이를 삶에 적용하는가'임을 잊지 마십시오. 이를 위해 경청, 본보이기, 칭찬과 격려 중 내게 특히 필요한 부분은 무엇인가요?

6 모임 전후에 내가 해야 할 일이 무엇인지 이야기해 보고, 나의 따르미와 《풍성한 삶의 첫걸음》 과정 이후에도 어떤 관계를 갖기를 원하는지 이야기 나누어 보십시오.

7 이끄미로 섬기기 위해서 나에게 지속적으로 필요한 내용을 기도 제목으로 나누십시오. 그리고 동료 이끄미를 위해서 적어도 《풍성한 삶의 첫걸음》 과정이 끝날 때까지 꾸준히 기도하기로 약속하십시오.

예수를 만나고 알아가고 따라가기를 돕는 자료

| 풍성한
삶으로의
초대 | 📖
🖥️
🎧 |

| 풍성한
삶의
첫걸음 | 📖
🖥️
🎧 |

→

→

| 하나님
나라의
도전 | 📖
🖥️ |

| 요한과 함께
예수 찾기 | 📖
🖥️ |

| 만남은
멈추지 않는다 | 📖 |

| 만나지
않으면
변하지
않는다 | 📖
🖥️
🎧 |

기독교의 기본 진리 소개

그리스도인의 초기 양육

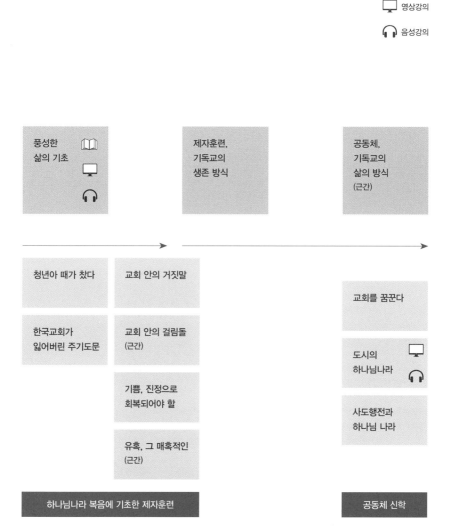

워크북
영상강의
음성강의

풍성한
삶의 기초

제자훈련,
기독교의
생존 방식

공동체,
기독교의
삶의 방식
(근간)

청년아 때가 찼다

교회 안의 거짓말

교회를 꿈꾼다

한국교회가
잃어버린 주기도문

교회 안의 걸림돌
(근간)

도시의
하나님나라

기쁨, 진정으로
회복되어야 할

사도행전과
하나님 나라

유혹, 그 매혹적인
(근간)

하나님나라 복음에 기초한 제자훈련

공동체 신학

김 형 국 ─────

연세대학교 사회학과에 입학해 '기독 사회학도의 모임'을 만들어 활동했으며, 졸업 후 IVF(한국기독학생회)에서 5년간 간사로 일했다. 이후 미국 시카고의 트리니티 복음주의 신학교에서 목회학 석사(M. Div.)를 마치고 신학학으로 신약 박사(Ph. D.) 학위를 받았다. 미국 이민 교회인 '새로운 고려장로교회'에서 교육 전도사와 교육 목사로 사역을 시작했고, 3년 동안 1.5-2세 한인 청년들과 함께 시카고 뉴 커뮤니티 교회(New Community Church of Chicago)를 개척했으며, 귀국 후 사랑의교회 부목사로 '찾는이' 사역을 시작했다. '성경적이고 현대적인 도심 공동체'를 세우는 것을 하나님의 뜻이라 믿으며 2001년 나들목교회를 개척했으며, 지금은 하나복DNA네트워크 대표로 섬기고 있다. 《교회를 꿈꾼다》,《교회 안의 거짓말》,《풍성한 삶으로의 초대》,《풍성한 삶의 첫걸음》,《풍성한 삶의 기초》,《청년아, 때가 찼다》,《만나지 않으면 변하지 않는다》 외 다수의 책을 저술했다.

풍성한 삶의 첫걸음 워크북

김형국 지음

2020년 3월 17일 초판 1쇄 발행
2024년 11월 7일 초판 8쇄 발행

펴낸이 김도완
등록번호 제2021-000048호
     (2017년 2월 1일)
전화 02-929-1732
전자우편 viator@homoviator.co.kr

편집 김명희
제작 제이오
제본 다온바이텍

ISBN 979-11-88255-54-2 03230

펴낸곳 비아토르
주소 서울시 종로구 삼일대로 428, 500-26호
     (우편번호 03140)
팩스 02-928-4229

디자인 임현주
인쇄 (주)민언프린텍

저작권자 ⓒ 김형국, 2020

이 도서의 국립중앙도서관 출판예정도서목록(CIP)은 서지정보유통지원시스템 홈페이지(http://seoji.nl.go.kr)와 국가자료종합목록시스템(http://www.nl.go.kr/kolisnet)에서 이용하실 수 있습니다.(CIP제어번호 : CIP2020009793)